办事兵法

万顺平◎著

中国经济出版社
CHINA ECONOMIC PUBLISHING HOUSE
北京

图书在版编目（CIP）数据

办事兵法 / 万顺平著 . -- 北京 : 中国经济出版社，2024.5

ISBN 978-7-5136-7750-9

Ⅰ . ①办… Ⅱ . ①万… Ⅲ . ①人际关系 – 通俗读物
Ⅳ . ① C912.11–49

中国国家版本馆 CIP 数据核字（2024）第 087955 号

责任编辑　张梦初　高　鑫
责任印制　马小宾
封面设计　仙　境

出版发行　中国经济出版社
印 刷 者　三河市宏顺兴印刷有限公司
经 销 者　各地新华书店
开　　本　700mm × 1000mm　1/16
印　　张　16
字　　数　170 千字
版　　次　2024 年 5 月第 1 版
印　　次　2024 年 5 月第 1 次
定　　价　59.00 元
广告经营许可证　京西工商广字第 8179 号

中国经济出版社　**网址** http://epc.sinopec.com/epc/　**社址** 北京市东城区安定门外大街 58 号　**邮编** 100011
本版图书如存在印装质量问题，请与本社销售中心联系调换（联系电话：010–57512564）

前言

Preface

在浩瀚的历史长河中，兵法作为战争的艺术，一直被视为智者们在战场上运筹帷幄、决胜千里的秘诀。然而，当我们深入挖掘这些古老的智慧，会发现它们所蕴含的哲理和策略远远超出了战场的范畴，而延伸到了生活的方方面面。

正是基于这样的洞察，《办事兵法》汲取《孙子兵法》《六韬》《三略》等古代兵书的精华，将蕴含其中的兵家思想和策略巧妙地转化为现代人在各种场景中办事的方法和思路。由此，本书不仅是对历史的融合和传承，更是对兵法智慧的提炼和创新应用。

全书共分为九个章节，分别为攻心计、协和计、借势计、奇正计、刚柔计、虚实计、权宜计、进退计、晋升计。每一章节都将相关兵法的“套路”与办事实践相结合。

精彩纷呈的语言、生动形象的案例以及深入浅出的解析，使读者在轻松愉快的阅读过程中，领略到本书的精髓。其中蕴含的策略和技巧不仅实用性强，而且具有普遍性，适用于各种场合和不同人群。

通过了解和学习本书中办事的策略和技巧，读者不仅能够更好地理解人性，更能有效地达成目标，从容地面对生活中的挑战，还能在不断变化的环境中始终保持优势地位。

无论是初入职场的年轻人，还是久经沙场的老将，相信都能从本书中获得宝贵的启示和实用的方法，处理起人际关系来更加得心应手，在生活中更加游刃有余。

让我们一同翻开本书，探索那些历经千年依旧闪耀着智慧光芒的兵法策略，将它们转化为一套科学、高效的办事方法，成为我们在现代社会中办事的“利器”。

目 录

Contents

第3计　借势计——顺时应势巧办事

第4计　奇正计——思维逆转办难事

第5计　刚柔计——软硬皆施办要事

第6计　虚实计——合纵连横办愁事

第7计　权宜计——权衡利弊办急事

第 8 计　进退计——张弛有致办稳事

第 9 计　晋升计——步步为营办好事

第1计

攻心计

——俘得人心办成事

办事不顺，求人被拒，往往是因为未能掌握正确的办事方法，更确切地说，是因为没有深入了解和运用攻心之术。唯有洞悉人心，并进行巧妙的攻心，才能让事办得更顺利。

想要顺心，先要攻心

在古代兵法中，有一条非常著名的作战原则，叫“攻心为上，攻城为下”。何谓攻心？就是用心理战术征服对方，使其从内心臣服。做事要长于“攻心”，是古往今来被无数的事实证明的一条永恒的定律。

真正的办事高手都善于运用“攻心”的策略。他们在各种社交场合中，能够精准地把握对方的心理，并娴熟地运用心理战术，取得预期的满意结果。

吴起是魏国的杰出将领，他深谙攻心之道。一日，军营中一名士兵患了脓疮，疼痛万分。吴起巡逻至此，目睹士兵的苦状，深感不忍。他弯下腰，用嘴吸去士兵伤口上的脓血，又用袍子仔细包扎好。这一幕，令在场的士兵们无不动容。

不久，此事传到了士兵的母亲耳中。老妇人闻信后泪流满面。旁人皆以为她是因吴起的善举而感动落泪，然而她的回答却出人意料。她哭泣着说：“我之所以哭，并非因为吴起为我儿子吸脓血，而是因为我的儿子为了这样一个仁慈的将军而甘愿受苦、付出生命。这才是真正让我心痛的。”

吴起的举动，不仅仅是一种表面的善举，更是一种对士兵的关爱和尊重。这种“攻心术”收买了士兵的心，收买了他们的忠诚和信任。这正是吴起作为一位伟大将领的独特之处。

在日常生活中，无论是工作、学习还是社交，想要办事顺利，同样需要掌握这种“攻心”的艺术。只有深入了解和把握他人的心理状态，我们才能将事情办好、办牢。

在使用攻心术时，可以遵循以下几个步骤。

1. 深入了解对方。

这是攻心的第一步。通过探究对方的背景、兴趣、需求和价值观，能够更有效地与他们建立情感共鸣，更准确地满足他们的期望。例如，在合作伙伴遇到家庭问题时，如果我们能够主动关心并提供帮助，让对方感受到我们的关怀和支持，那么在合作过程中，他们就会更加积极地与我们配合。这种基于相互理解和关心的合作，比起单方面的命令或控制，更能带来长远的和谐与成功。

2. 表现出真诚和善意。

这是攻心的基础。在办事的过程中，真诚的微笑、温暖的话语以及善意的行动都能让对方感受到我们的友好和关怀。此外，要做到言行一致，避免言不由衷或表里不一的情况出现，这样才能逐步建立起双方的互信和良好关系。这种基于真诚和善意的交往，能够为办事创造更为有利的环境，使对方更愿意配合，进而提高办事的效率和成功率。

3. 注重细节和小事。

这是攻心的切入点。在办事时，对一些看似微不足道的细节予以关注，往往能够体现我们的细心和体贴。例如，在与客户沟通时，记住他们的喜好和习惯，并根据这些信息为他们提供个性化服务，这样的细心安排能让客户感受到我们的关怀和尊重，有助于提升客户对我们的信任感和满意度，进而在办事过程中建立起更为牢固的合作关系。

4. 提供必要的帮助。

这是攻心的关键。真正的高手会充分考虑对方的需求，优先解决对方忧虑的问题，解除他们的后顾之忧。也就是说，我们要尽可能地为对方提供力所能及的帮助，无论是提供信息、协助解决问题，还是给予其他的支持。这样的举措能够让对方感受到自己的价值被认可和重视，进而增强他们对我们的信任和依赖。通过这种互帮互助的方式，我们不仅能够促进事情的顺利进展，还能够深化与对方的关系，为未来的合作打下坚实的基础。

5. 尊重对方的意见和决定。

即使我们并不完全同意对方的意见和决定，我们也要给予必要的尊重。这种尊重和理解是建立良好沟通和合作关系的关键，能够有效避免不必要的矛盾和冲突。例如，在与合作伙伴交流时，我们有必要倾听对方的想法和需求，然后找机会提出自己的建议和意见。如果对方不同意我们的观点，我们应予以理解和尊重，并寻求妥协的方案。这样的处理方式不仅能够维护合作关系，还能够促进双方达成满意的结果。

综上所述，想要顺利地办事，必须掌握攻心的艺术，在无形之中影响和说服对方。当然，在攻心的过程中，应当坚持诚信与正直的原则，不要使用心机和阴谋，坚决杜绝任何违背公德或令人不齿的行为。真正的攻心之道，是建立在相互尊重、理解和信任的基础之上，通过正面的沟通和行为，实现双赢。

投其所好，拿捏痛处

投其所好，是兵法中常用的一种战术。它的核心理念是通过了解敌人的喜好和弱点，采取有针对性的措施来达到战胜敌人的目的。在办事过程中，投其所好同样是一种说服或影响他人的有效策略。

这种方法可能会被一些人误解或批评，特别是在所要办的事被认为是自私或不正当的时候。因此，使用这种策略时，必须始终保持诚信和透明度，确保自己的行为符合道德伦理标准，不触犯相关的法律法规。所要办的事，是为了创造双赢的局面，而不是为了满足一己之利。

南唐时期，有一位名叫赵江的文士在岗位上辛勤耕耘了十几年，但始终未能得到提拔，眼看着年华逝去，升迁无望，心中不免有些失落。他渴望得到领导的赏识，被调至更好的岗位。他的领导是清官徐铉。徐铉以公正无私、廉洁奉公而著称。赵江曾多次尝试通过正当途径请求调动，但都未能如愿。

赵江与徐铉并无交情，不便直接求见。正当赵江心灰意懒准备放弃的时候，他的妻子提醒他："人非圣贤，总有弱点。夫君为何不多动些心思呢？"

于是，赵江开始研究徐铉的喜好和性格。经过一段时间的研究，赵江发现徐铉非常喜欢看玄幻故事。赵江四处搜集玄幻故事，并花了半年的时间整理成册。随后，他鼓起勇气敲开了徐铉的家门，送上自己的心血之作。

徐铉接过集子，翻阅了一会儿，便被其中的故事深深吸引。于是他召见了赵江。接触后，徐铉发现赵江文采出众。每次，赵江都把故事讲得跌宕起伏，引人入胜。徐铉竟然听上瘾了。之后，两人成了莫逆之交。有一天，赵江趁机向徐铉提出自己想调动工作，徐铉没有丝毫犹豫，当即答应了。

人们普遍喜欢听赞美之词，乐于探讨自己感兴趣的问题。这提醒我们，在办事时要投其所好，说对方喜欢听的、愿意听的、想听的，这样在一定程度上就会融洽气氛，和对方建立起和谐的关系，为接下来的合作奠定情感基础。

在投其所好时，关键要把握好以下三点。

1. 发现对方的“闪光点”。

在与人交往中，发现并赞美对方的“闪光点”是一种非常有用的技巧。通过倾听和观察，我们可以了解对方的性格特点、思维方式和工作成就等方面的亮点。这些亮点就可以成为我们赞美对方的要点，让对方感受到被认同和被尊重。赞美时，要注意真诚和适度，避免过度或虚假。找到合适的时机表达赞美，让对方感受到我们的关心和认可，可以增进彼此的了解和信任，建立更加亲密的人际关系。

2. 寻找对方的“兴趣点”。

在与对方的交流中，当对方显得心不在焉或对当前话题不感兴趣时，寻找对方的“兴趣点”进行交流是一种有效的策略，这样做可以重新吸引对方的注意力，并容易引发共鸣，从而为后续的沟通创造更为有利的条件。

例如，如果你注意到对方对集邮、足球、音乐或其他事项表现出热情，就可以利用这一点来打破僵局。暂时放下原本的话题，转而谈论对方感兴趣的内容。这种投其所好可以帮助你获得对方的好感，进而在对方对你产生认同的基础上，再回到正题上来。

3. 和对方保持同一立场。

在办事过程中，站在对方的立场思考和表达是一种非常重要的技巧。这种方法能够给人一种被理解和被尊重的感觉，进而增加说服力，使事情更加顺利地达成。要想成功地站在对方的立场上说话，就需要深入了解对方的需求、关注点和立场。这要求我们在交流中积极倾听，并注重观察对方的言行举止，以便更好地理解他们的观点和需求。

总的来说，在日常生活和工作当中，如果我们希望更顺利地办成事，投其所好就成为一种必不可少的策略。这不仅需要我们关注自己的需求，更需要我们关注他人的需求。当我们能够满足他人的需求时，我们也更有可能实现自己的目标。

好事多磨，感动对方

求人办事的时候，有时候“软磨硬泡”会起到至关重要的作用。它能以一种看似消极的方式争取到积极的结果。通过展现自己不达目的誓不罢休的决心和毅力，向对方传达你的诚意，从而促使对方更加认真对待你的请求。

当然，软磨硬泡并不意味着无理取闹或死缠烂打。与死皮赖脸不同，软磨硬泡建立在韧性和耐心的基础上，旨在以诚恳和坚定的行动感动对方，达到“精诚所至，金石为开”的效果。要发挥好“软磨硬泡”的办事基本功，首先需要克服羞涩和犹豫不决的心理障碍。

有些人比较内向，不太擅长主动寻求他人的帮助，即使所求的事情很小也不好意思开口。即使鼓起勇气提出了请求，也可能会表现得犹豫不决。以这样的方式去办事，自然难以取得令人满意的效果。但这并不意味着，你好意思开口了，就一定能够有效地获得别人的帮助。

在寻求帮助时，既不要过于不好意思，也不要过于“好意思”。不卑不亢，清晰地表达自己的需求，并以诚恳的态度去请求他人的支持，这样才能更好地实现目标。同时，也需要考虑到他人的感受和立场，以尊重和理解的态度去沟通，这样才能在保持自尊的同时，达到办事的目的。

齐伟是一位村长，平时为人谦和，说话略显腼腆。在村民眼中，他是个有些“软弱无能”的人，其实，他是一位办事能手。

每年早春时节，各村都会组织车辆前往县农资局领取化肥。由于车辆众多，农资局的大院拥挤不堪。尽管仓库里的化肥堆积如山，但出于安全的考虑，负责发放的科长总以“货源不足”为由，让一些村子的运输队改日再来。

有些人见提不出货，只能拿着空单子失望而归。齐伟捏着手中的空单子，心情十分矛盾。他与这位科长没有任何人情关系，即使有关系，在这种情况下也未必会只为他一个人通融。但他又不想就这样空手而归。

于是，他决定采用软磨硬泡的战术。他手里捏着空单子，一面对科长诉苦，抱怨差事难办，回去无法交差，要落下骂名，一面好话说尽，请求科长给签个字。

科长听得有些不耐烦，便让他在外面等待。很多人在这个时候多半选择放弃，空着手回去。可是齐伟在门外时不时地敲几下玻璃，向科长递个笑脸或打个手势，想方设法引起对方的注意。有时，门没有关严，他就趁机溜进去，然后又被赶了出来。站在外面的人不时开他的玩笑，说这个人真能“穷折腾”。

齐伟顾不了这么多，只要能把事情办成，这些又算得了什么。一来二去，当着这么多人的面，科长也被弄得有些不好意思，于是当他再次溜进去时，科长苦笑着说：“我算服你了，好吧，这回就照顾你们村一下吧。”

还有一些人软磨硬泡的方式与齐伟有所不同。他们每次与对方见面都是轻描淡写地提一下，积极争取下一次见面的机会。这样次数多了，对方也就有了心理负担，就会考虑满足请求者的要求。比如有的人声称自己只是到对方那里“坐一坐”“看一看”“见见面”，而对方则很清楚他的来意，时间久了，对方就感觉不帮着处理那件事，就有点过意不去了。

人们经常说，做人不能太顾及面子，“脸皮薄，吃不着”，的确有一定的道理，特别是当对方有能力为你办事，却找各种借口推托时，要适当放下脸面软磨硬泡，这是一种必要且有效的策略。在这个过程中，不但可以显示出你的诚意和决心，还会给对方造成心理上的压力，从而“迫使”对方接受你的请求。

总之，“好事多磨”这句话用在求人这件事上是再贴切不过了。为了让别人答应自己的请求，在办事过程中，一定要讲究磨功、缠功。

适当示弱，博取同情

人之初，性本善。人们通常会对弱者产生同情，而哭泣往往被视为弱者的象征。然而，在军事的舞台上，哭泣有时却成为一种颇具威力的武器。三国时的蜀主刘备可称得上这方面的高手，有些人甚至戏称，“刘备的江山是哭出来的”。

其实，在日常生活中，哭不一定是宣泄，而可能是一种办事策略。比如，小孩子经常会通过眼泪博取家长的同情，在这方面，孩子们有着影帝级别的表现。当他们想要某个玩具，而父母不给买时，便可能使出一个撒手锏——一双水汪汪的眼睛盯着父母，仿佛下一秒眼泪就要决堤。他们天真无害的求人办事的眼神，相信没几个人能够拒绝。

一些女性也习惯用“哭”的手段博取同情和关注。比如，在要求男朋友买一款包包而遭到拒绝时，她们可能会使出一个绝招：一哭二揉——一副娇滴滴的可怜模样，故意揉眼睛，通过缝隙观察你是否妥协。通常，男友碍于面子，当即会说：“买吧，买吧，真是拿你没办法！”

由此可见，哭并不一定是弱者的表现，许多时候，它是求人办事时的有力武器。在职场上，哭同样具有杀伤力，如在争取项目、解决工作中的问题，或寻求同事支持方面经常会出现一些经典的案例。

在销售过程中，业务员为了促成交易，会采用不同的策略来吸引顾客。有些业务员可能恳求，恳求，再恳求，但这种做法可能会引起顾客的不适或反感。相比之下，一些聪明的业务员可能会采用更加创造性的方法来吸引顾客。例如，一个业务员在顾客面前眼泪汪汪、愁容满面，甚至装作身体不适，以此传达因销售压力过大带来的不适。这种策略可能会激发顾客的同情心，进而增加购买的可能性。

在求人办事时，如果需要，也可以适当使用这种哀兵策略，即通过适当示弱来表达自己的困境，以此来获得他人的怜悯和支持。

举一个例子。

甲、乙双方已初步达成合作意向，但尚未正式签订合同。在这关键时刻，第三方突然介入，向甲方提供了一个性价比更高的合作方案。面对这一突如其来的变故，甲方出于维护商业信誉的考虑，主动向乙方通报了这一情况，并坦诚地表示，可能已无法找到有效的补救措施。

乙方在得知甲方的立场后，知道自己在价格上不占据优势，不愿在实质性条款上做出让步。于是，乙方代表采取了一种非常规的策略——动之以情。他反复向甲方解释合作的重要性和必要性，言辞恳切，甚至流下了眼泪。乙方代表所展现出的真诚和急切，让会谈的气氛变得异常沉重。

面对乙方代表的眼泪战术，甲方一时间毫无对策。他们感受到了乙方的诚意，也意识到了价格上的优势可能并不足以抵消合作破裂的风险，于是提议暂时休会，然后在内部讨论："乙方代表的眼泪到底值多少钱？"

经过短暂的讨论，甲方最终决定维持和乙方的合作。乙方代表的眼泪成功地赢得了甲方人员的同情和支持，使合作得以顺利完成。

在求人办事时，展现出“我弱你强”的姿态，往往能够激发他人的同情和怜悯之心。这种策略并不是虚伪或欺骗，而是一种基于人性的办事智慧。当然，这种战术不可频繁使用。频繁地示弱或流泪可能会让对方怀疑你的动机。

因人制宜，巧言激将

激将法是兵法中的一种心理战术，是通过激怒对方，使其失去理智和判断力，进而打乱对方心理平衡，使其做出有利于己方行为的一种战术策略。

在求他人办事时，也应学会运用这种刺激性的策略，如通过强调对方的能力和价值，以及可能对某事产生的积极影响等，来改变其立场，激发其办事的动力。

有一家工厂要进行一项重大工程，众多承包商竞相争取。经过筛选，只剩下甲、乙两家承包商。两家承包商实力相当。工厂一方决定采用公开招标的方式选择承包商。

甲承包商经过调查发现，乙承包商中有两个技术员能力一般，而另一个技术员实力强大。为了“摆平”这位技术员，甲承包商决定采取激将法。

在招标会上，甲承包商一方对乙承包商那两个能力平平的成员热情问候，却故意冷落那个能力出众的技术员，这使得那个技术员自尊心受到伤害。

招标开始时，甲承包商再次谦恭地请乙承包商那两个能力一般的成员发表意见，而无视那个愤怒的技术员。最后那个技术员愤怒地站起来，拂袖而去。甲承包商趁机说服工厂一方与他们签订承包合同。

等乙方那个技术员意识到自己上当了，再急忙返回来时，为时已晚。

正所谓“请将不如激将”，在商业谈判中，正确运用巧言激将法，常常会收到积极的效果。“激将法”的用法很多，办事高手常用的有以下三种。

1. 直激法。

此种方式是指面对面地以直截了当的方式贬低对方，以此给予对方刺激、羞辱甚至激怒，目的是让对方产生强烈的反应或行动。

某厂决定公开竞聘中层干部。在公示的名单中，大家都看好技术精湛的技术员小李。然而，由于某些原因，小李对竞聘有些犹豫不决。这时，一位老工人直接找到了他，直截了当地说道：“小李，你不是大家口中的大学高才生吗？大家都认为你有出息，等着你有所作为。没想到，你竟然害怕接任车间主任的位子，真是让人失望！”

小李被激怒了，他立刻回应：“我是窝囊废？我非要做出些成绩来给你们看看！”于是，他决定接受挑战，竞聘车间主任一职。

2. 暗激法。

这是一种有意识地通过赞扬第三者，暗中贬低对方，激发他超越、压倒第三者的决心的方法。

《三国演义》中，枭雄曹操率领大军进军江南，诸葛亮深知东吴霸主孙权是不甘屈居人下的英雄，因此决定采用一种特殊的方式来激发孙权的斗志，以求双方联合起来对抗曹操。

诸葛亮向孙权大谈曹军的兵力，声称曹军拥有庞大的骑兵、步兵和水军，总数超过了一百万！这个数字让孙权大吃一惊，他疑惑地追问："这里面不会有诈吧？"

诸葛亮不紧不慢地一笔一笔地计算，最后得出一百万惊人的数字。孙权问诸葛亮："那我是战，还是不战？"诸葛亮说："如果东吴人力、物力能与曹操抗衡，那就战；如果您认为敌不过，那就降！"

作为一方霸主，孙权自然不肯服输，反问："既然这样说，那刘豫州为什么不降呢？"此话正中诸葛亮下怀，他进一步使用激将法说："田横，不过是齐国一个壮士罢了，尚且能坚守气节，何况我们刘豫州是皇室后代，盖世英才，怎么能甘心投降，任人摆布呢？"

孙权的斗志被彻底激发了起来，当即下决心与曹军决一死战。

暗激法的巧妙之处在于，通过"言外之意""旁敲侧击"的方式，委婉地传递刺激信息。人们都希望得到别人的尊重，而当有人在自己面前夸耀第三者时，无疑会对他们产生一种暗示性的刺激，进而激发出某种强烈情感。

3. 明激法。

有时候，激励的话语并不仅仅是简单的否定或贬低，而是"在激励中引导"，用明确或诱导性的语言，激发对方的热情。

比如，某校有一个调皮的学生学习成绩很差。有一次，他打了一位同学，还自夸是拳击能手。老师对他说："打架算什么本事？有能耐你跟他比学习。你期末考试要是能赶上人家，那才是真正的好汉呢！"这句话激发了这个调皮学生的学习动力，他开始努力学习，并取得了明显的进步。

在运用这三种激将法时，需要特别注意一个关键问题，那就是必须根据不同的谈话对象采用不同的激将方式，如此方能达到理想的效果。这就如同治病，唯有对症下药，方能药到病除。若是用错了药，非但对人无益，甚至可能会致人于死地，导致事情朝着更糟糕的方向发展。

开出高于预期的条件

开出高于预期的条件，是一种常见的办事策略，常被运用于各类谈判中，旨在在谈判中获得优势和利益。其基本逻辑是，先设置一个较高的初始期望值，为后续的谈判创造空间，进而有可能达成对己方更有利的协议。

人生无处不谈判，在和对方就某事沟通和商讨时，双方的意见大概率会有偏差，不太可能完全一致，这个时候就需要就某些条款或条件进行谈判。谈判就意味着双方会讨价还价。在这个过程中，适当开出高于自己预期的条件，尤其是你对对方有所了解时，更应如此，这往往会让谈判的天平向你倾斜，从而使你占据谈判优势，最终赢得谈判。

一名律师代表自己的客户与一块土地所有人就购买这一土地进行磋商。在客户的授意下，律师拟定了一份条件苛刻的协议。在律师看来，对方不可能同意这些条款，至少会拒绝一大半，因为条件太苛刻了。可是让他吃惊的是，对方在看过协议后，居然只对其中两条不甚重要的条款提出异议，要求修改，而对其他条款则没有异议。即便如此，律师还是在客户的示意下，没有立即答应对方修改，在坚持了几天后，才不情愿地同意了。虽然这边（律师和客户）只放弃了众多条款中的两个，但对方（土地所有人）还是觉得自己赢了这场谈判。

美国政府曾计划帮助墨西哥政府贷款820亿美元，双方就贷款事宜进行了谈判。美方代表财政部部长唐纳德·里根提出美方帮助贷款的两个条件：一是墨西哥要给美国提供大量石油，以增加美国的战略石油储备；二是墨西哥政府要为这次谈判提供1亿美元的谈判经费。

对于第一个条件，墨西哥财政部部长赫佐格代表墨西哥政府表示同意，对第二个条件则表示不能接受。当时的墨西哥总统何塞·洛佩斯·波蒂略非常气愤，说："1亿美元的谈判经费，他们是怎么想的？真是不可理喻，我们是不可能给的，让他们死了这条心吧！"

一方报价1亿美元，而另一方则让对方死了这条心，结果如何呢？谈判的最终结果是墨西哥政府同意出资5000万美元，以达成这笔交易。

出乎意料吧？但事实就是如此。

著名外交家基辛格曾说："谈判桌前的结果，完全取决于你能在多大程度上抬高自己的要求。"虽然有些夸张，但是一定程度上说明了抬高要求的重大意义。

开出高于预期的条件，可以释放出几个信号并会产生几个作用：一是你对自己的产品或服务有自己的价值定位，在一定程度上能抬高你的产品或服务在对方心目中的地位；二是给对方留出讨价还价的空间，给自己留出后退的余地；三是让对方在谈判结束时有种"占了便宜"的感觉，有助于后续彼此的往来和合作。此外，还有一点要想到，就是你开出的条件只是高出你自己心理预期的条件，未必高于对方的心理预期。

有了这些充分理由的支撑，在谈判时，你完全可以理直气壮地开出高于预期的条件，特别是当你知道你开出的条件完全在对方有能力满足的范围内。实际上，无论是大事小事，几乎都可以得到折中的结果，这样的事情经常发生，所以不要害怕提出过高的条件和要求。

为了让对方不至于被你提出的过高条件吓退，在提出要求时，不妨暗示一下这些条件是可以商榷的，这样就会鼓励对方和你讨价还价，将谈判进行下去。诸多事实证明，如果开出的过高条件不离谱得厉害，那么实现的概率是很高的。

适当向人倾诉不幸

古人云："言过其实，不可大用。"意思是，越没能耐的人，越爱胡吹乱侃。毕竟，我们要实实在在办事，事办不成，吹牛这种精神胜利法运用得再好又有何意义？

有这样一个民间笑话：

三个懒汉无所事事，有一天，他们聚在一起吹牛。

第一个人说："我吃过一个包子，它是三十个人包了三十小时才做好的。"

第二个人说："我吃过的那个包子比你说的还要大，六十个人整整包了两个月。"

第三个人说："这算什么，我吃过的才叫大！先是九十个人包了九十天，又用九十天才蒸熟。来了九十个人吃，吃了整整九十天才吃到一块石碑，上面写着：离馅儿还有100里！"

喜欢夸大其词的人类似于故事中的三位人物，常常夸夸其谈，把一件简单的事情描述得异常复杂，但实际上却难以实现自己的承诺，给人留下不靠谱的印象。

适当的夸耀有时可以满足个人的自尊心，算是一种自我激励的方式。但是，如果过度沉迷于这种行为，以至于无法自控，那就变成了一个问题。在适当的时候保持谦逊，不要过分抬高自己的姿态，这是维护个人形象和有效办事的关键。

人都是有恻隐之心的。在某些情况下，如果我们不想过度牺牲自己的利益而又希望事情能够顺利进行，可以采取一种更为细腻的策略：适当降低自己的姿态，表现出需要理解和支持的一面。也就是要展现出一种“我迫切需要理解和帮助”的姿态，通过分享自己的困境来激发他人的同情心，进而得到别人的主动帮助。

当然，这种策略的使用需要视场合而定。在日常生活中，如果你生活得并不艰难，却不断抱怨“孩子的学费都交不起了”或“这个月的菜钱都没了”，这样的哭穷不仅会引起他人的反感，还可能让人觉得你很有心机，活得不够真实。因此，我们应该在真正需要帮助的时候才采用这种方法，而且在表达时要注意方式，以免失去他人的信任和尊重。

要想合理地表达自己的困境，并且让人感到同情而不是厌恶，关键在于掌握以下三个要点。

1. 掌握好分寸。

表达自己的困境，并不是无休止地抱怨或者故意制造悲情，而是在适当的时候，以一种恰当的方式表达自己在经济或生活上的困难。这样做的前提是，你的困境是真实的，并且你正在努力克服它。

如果你不断地不合时宜地哭穷，或者在没有必要的情况下向每个人诉说你的困难，大家可能会怀疑你的动机，认为你总是在利用悲情来获取某种利益，或者认为你缺乏管理自己生活的能力。这对于你来说，并不是一件好事。

2. 选择合适的对象。

选择合适的对象来倾诉你的困境或展示成就，是一种社交智慧。演员王志文说过这样一段话：“哭穷和炫耀可以帮你省去 90% 的麻烦。在亲戚朋友面前，一定要哭穷。在不认识的人面前一定不要哭穷，要炫耀，顺序千万不能错。”

在亲戚朋友面前哭穷，可以得到他们的理解和支持。因为他们对你有情感上的投入，愿意在你遇到困难时伸出援手。而在不熟悉的人面前，适度地炫耀，会让对方不敢轻视你。当然，要把握好尺度，否则炫耀过度，可能会带来不必要的麻烦。

3. 积极寻求解决方案。

要确保你倾诉你的困境是为了找到解决问题的方法，而不仅仅是为了引起关注或获取同情。比如，你说自己没钱吃饭，想让别人借给你一些，那你至少得讲一讲接下来你的还款计划、日后的规划等，让人知道你是认真对待这个问题的，而不仅仅是为了得到一笔钱。这样的做法更有可能赢得他人的信任和支持。

在现实生活中，向人倾诉不幸是一种造势策略，为的是创造出一种对自己有利的形象或环境。但是这种策略的使用需要根据具体的情况来决定，其成功与否取决于时机、场合和听众。

打好感情牌，办事零阻力

无论是在生活中，还是在职场中，人人都难逃一个“情”字，而且大多数人的决定并不是在一种理性分析、逻辑推理和冷静思考的基础上做出来的，而是在兴趣、情感、情绪等层面上做出的。所以，求人办事要想成功，“人情生意”就要做好。绝大多数办事高手善于打“感情牌”，练就一种“煽情”的能力。

什么是打“感情牌”？

打“感情牌”是一种策略，通过强调某种情感，激发他人的同情心和亏欠感或其他情感，促使其采取某种行动来满足自己的需求。比较常见的“感情牌”有释放一点热情、表示自己的善意、给予小恩小惠、帮助对方进行美好的回忆、卖惨、穷哭等。熟人之间经常会使用这些“感情牌”。

那如何打好“感情牌”呢？

1. 体现出你的诚意。

办事不能一味靠“嘴上功夫”，而要适时展现出“诚意”。“程门立雪”的故事就很好地诠释了这一点。

宋代，有一个名叫杨时的学生，诚心诚意来到程府向理学大家程颐求教。当守门的仆人告诉他程颐正在休息时，杨时选择在门外耐心等待。

等待的过程中，下起了大雪。当程颐醒来时，门外的积雪已经很深了，而杨时一直在雪里等待。杨时的诚意打动了程颐。程颐决定将杨时收为弟子，尽心尽力传授。

在处理事务和人际关系时，真诚的态度和行动往往比华丽的言辞更能打动人心，更能获得他人的信任和支持。因此，在打“感情牌”时一定要展现出诚意，避免虚情假意。

2. 倾听他人的心声。

每个人都希望自己的话语能够引起他人的共鸣，获得他人的认可。然而，在开口之前，我们需要先学会倾听。通过倾听可以更好地了解对方的内心世界，找到情感共同点，进而建立起紧密的情感联系。

人类的本性是渴望被关注和被认可。我们喜欢在他人面前展现自己，希望自己的话能够引起他人的兴趣。这种本性导致我们更愿意倾听那些能够让我们感到愉悦和满足的话语，而对于那些不感兴趣的话题则会感到厌烦。当掌握了对方的喜好和兴趣时，就可以用相应的话语来吸引他们的注意力，并顺应他们的思路，博取他们的好感。

3. 学会运用认同术。

日常生活中，如果不懂得运用认同术，很难和他人建立起情感层面上的联系，即使可以强行说服他人，也只能被人评说为“不通人情”。要俘获人心，就要学会认同，没有人不希望自己的观点、立场被人认可、接受。所以，在办事过程中要学会站在别人的角度思考，尽量求同存异，满足对方的自尊心。当一个人得到别人的尊重时，心情会特别轻松愉快，在这种情况下劝说对方，往往会取得事半功倍的效果。

4. 刺激其报恩之心。

在中国传统文化中，人情是一种珍贵的社交资本，强调对他人的善意和恩惠应当以更大的善行来回报。这种文化理念体现在“滴水之恩，当涌泉相报”中，它鼓励人们对于受到的帮助和善意表示感谢，并以积极的方式回报。

在人际交往中，人们常常利用这种心理现象，通过给予对方帮助或好处来建立与对方的紧密关系。当对方感受到这种善意时，往往会感到快乐和满足。这种正面的情绪体验往往会激发他们要回报对方的意愿。在这种心态的驱使下，他们愿意付出行动。

这种策略的运用基于真诚和善意，旨在促进相互之间的理解和信任。聪明的人会适度地使用这种方法，以确保双方的感受都被考虑到，避免造成任何一方的压力或不适。人际关系的建立应该是一种积极的互动，而不是单方面的付出和利用。

因此，当我们寻求帮助或想要与他人建立良好的关系时，可以通过展现我们的关心和提供帮助来激发对方的报恩之心。这种基于正能量和相互尊重的方法，不仅能够促进目标的实现，还能够加强和深化人际联系。

不论打什么样的“感情牌”，都需要特别注意一点，那就是要注重感情投资。为什么？因为要打“感情牌”，首先你得有感情。感情何来？肯定不是凭空来的，而是来自平时的积累，来自过去为现在的情感所做的“投资”。不要以为找人办事是一种“短平快”的交易，无须花那么多的心思去搞马拉松式的感情投资。其实不然，俗话说得好，“平时多烧香，急时有人帮”“晴天留人情，雨天好借伞”。注重平时一点一滴的情感积累，最终聚沙成塔。有了“铁”关系垫底，又何愁办事无门？

先小后大，循序渐进出奇效

在社会心理学中，有一个著名的效应叫“登门槛效应”。其核心思想是，通过先提出一个较小或较容易接受的要求，让对方点头同意，然后在这个基础上再提出一个更大的要求。一旦人们答应了第一个小要求，他们的心理状态就会发生变化，他们倾向于保持一致性，不愿意在行为上出现矛盾。因此，当第二个要求——通常具有更高层次或更具挑战性——被提出时，人们为了保持自己的行为一致性，往往也会同意。这种现象在心理学实验中得到了证实，并且在日常生活的各种情境中有所体现。

办事高手都懂得利用这种效应，表现在具体的办事过程中，就是恰当地运用“先小后大”的策略。比如，向朋友借钱，如果一开口借一两万元，对方可能当场回绝。如果先借三五百元，不久还上。过一段时间，再借一两千元，对方也可能会爽快答应。毕竟，之前已经帮过你了，会有种“好人做到底”的心理。几天后，你把借的钱还上。再过一段时间，找一个充足的理由向他借五六千元，也多半会如愿以偿。

又如，我们去商场购物，如果售货员在推销产品时直接向你提出要求“买一件吧，正在打折”，我们很可能会直接回绝。事实上，聪明的售货员也不会这么做，她们往往会建议你试穿，或是试用一下某产品，而且会说“买不买没关系”，有的人会觉得“试试也无所谓”，于是答应了销售员的第一个请求。这时“登门槛效应”已经在发生作用了。最终，在100个试穿或试用的顾客中，很可能有二三十人会选择购买。

这个效应之所以有效，一个重要原因是，人们都希望在别人面前保持一个比较一致的形象。这就是为什么有的人明知道要“上当”了，还是会把脚伸到“圈套”中。

有一个记者想要采访一个很有地位的大人物，想让这个大人物就某个话题发表一段谈话。但是，这个大人物一方面比较忙，另一方面大概率不愿意做这种意义不大的采访。这个记者却是一个聪明人，他知道，如果自己直接说要采访对方15分钟，对方一定会拒绝。

于是这个记者采取了先小后大的策略，先是给对方打电话预约：“很抱歉打扰您，我是《城市晚报》的记者，想就一些问题采访您一下，大概需要5分钟。我知道您非常忙，如果可以的话，想在今天下午您散步的时候，采访您一下。”

对方一听，采访只有5分钟，且不打扰自己的正常工作，觉得这个要求不过分，于是爽快地答应了。记者下午准时到达了他的家中，之后边陪对方在花园中散步边进行采访，不知不觉，竟采访了半小时。

在这个案例中，记者就运用了“先小后大”的策略。其背后的原理就是“登门槛效应”，即先提出一件小事、一个小要求，让对方放松警惕，当对方答应要求后，再提一个相对较大的要求。

在使用“先小后大”策略时，特别要注意以下三点。

1. 要求需合理。

要考虑自己的请求是否合情合理，然后结合对方的情况，看看对方是否便于帮助自己，或者帮助自己是否会对他们的生活状态造成影响，等等。如果对方没有能力，即便是一个小小的请求，也不要随意开口。如果自己就可以解决问题，那最好不要提，否则，对方会认为你对其产生了依赖感，或是在有意利用自己。一旦对方有了这种心理，就会对你产生抵触心理。

2. 要把握好度。

如果在请求别人帮助的过程中无法掌握分寸，在错误的时机发出请求或是频繁发出不合理的请求，那么对方会容易对你产生反感。例如，当对方正忙于工作或处理其他重要事务时，你的请求可能会被视为打扰或干涉。所以，一定要把握好提出要求的时机和尺度。

3. 谨慎放大要求。

在对方同意帮助自己之后，也不要肆无忌惮地放大“需求”、得寸进尺。应该要对别人的帮助心怀感激，并在事后积极回应对方，让对方在帮助你的同时得到满足感，这是礼尚往来的基础，也能在一定程度上增加彼此之间的感情。

不积跬步，无以至千里；不积小流，无以成江海。要办好大事，先得办好一件件小事，积少成多，就像登台阶一样一级一级往上走，而不是一下子踏到顶部。这种稳扎稳打的方法，有助于稳固和提升与对方的合作关系，避免因急躁或冒进而犯错或失去方向。

第2计

协和计

——圆融自洽办妥事

在战场中，赢得人心便赢得了战争的一半。“协和计”正是为了达到这一目标而生的谋略。在办事艺术中，协和计不仅是一种赢得他人欣赏和支持的技巧，更是一种在处理复杂事件及人际关系时的高级策略。

学会在别人的戏里做配角

在古代兵法中，最高级的“拿捏”是让对方感受不到被控制或被操纵，同时认为自己掌控着局面。古代的很多帝王一方面争做主角，另一方面又甘当配角，他们利用人性的弱点，精准地把握时机，最终成就了霸业。刘备可谓运用这一策略的佼佼者。

刘备为了请诸葛亮出山，不惜放下身段三顾茅庐。他深知，要得到人才，必须先满足对方被尊重的心理需求。因此第一次拜访时，尽管张飞提议直接绑架诸葛亮，但刘备选择给予诸葛亮足够的面子；第二次拜访时没有见到诸葛亮，刘备留下一封信以示诚意；第三次拜访时，诸葛亮在睡觉，刘备耐心等待，直到诸葛亮醒来。这种“精诚所至，金石为开”的戏码，客观上满足了诸葛亮被尊重的心理需求。

这个时候，刘备为了成就大业，以“配角”的姿态恭请诸葛亮出山，但实际上，主角一直是刘备，诸葛亮只不过暂时过了一把主角瘾。

学会在别人的故事中扮演配角，最终成就的却是自己。这样的情节不断在我们的生活中上演。这并不是一种心机或算计，而是一种对人性的深刻理解和运用。它要求我们在适当的时候展现出谦逊和理解，心甘情愿地支持他人的成功，同时在这个过程中为自己创造机会。

具体来说，如何在他人的戏里恰到好处地扮演配角呢？

1. 学会同步。

在自己势弱的时候要甘当配角，当实力和环境允许时，再顺理成章做回主角。所以，当自己实力不济，或在别人的主场，最好不要一上来就抢镜头、站C位，或是急于表现自己，做个“显眼包”，那样必然会引起别人的反感。

小刘刚进入公司时，工作勤奋、尽职尽责，很快赢得了上级的赞誉：“我对你很看好，继续努力哦！”经过试用期，他顺利转为正式员工。在随后的三个月中，他的业绩考核连续名列前茅，甚至一个月的工作量超过了第二名两个月的总和。在季度总结会上，他被公开表彰，自己也很高兴，但同事们却私下里纷纷议论：“这家伙是不是有些太能显摆了，就像我们每天都在混日子，不够他炫耀的。”

有人提醒过小刘：“工作上的事情，要多和同事们沟通。”小刘有些郁闷：“我确实想和他们交流，但他们似乎不太愿意理睬我。”

在职场中，积极的工作态度是值得肯定和提倡的，但也要注意实际情况，不宜盲目追求个人成绩。尤其是新加入团队时，应学会与大家协同一致。过分突出自己，既可能无意中提高了团队的工作标准，也可能影响同事间的关系。显然，这对长远的工作是不利的。

在职场中，无论个人能力有多强、经验多么丰富，适时地扮演配角，在必要时保持低调，都是明智的选择。职场环境复杂多变，当形势不明朗时，保持谦逊和审慎的态度，有助于自己更好地适应环境，避免不必要的误解、冲突。

2. 气度要大。

在香港演艺界，有一名演员在其演艺生涯中一直都在“跑龙套”、当配角，可是他的名声却非常响亮，声誉也极高，提起他的名字，几乎无人不知。他就是著名的喜剧演员吴孟达。为何他演了一辈子配角，却还如此受人欢迎呢？重要原因在于他对演艺事业的热爱与敬业，拥有一种甘愿做“配角”的胸襟和气度。

在生活和工作中，许多人热衷于成为焦点，但这并非总是最佳策略。

事实证明，总是寻求关注可能会使自己成为众人的目标；相反，那些默默努力、认真工作、尊重同事，并且愿意与他人共享成就的人，往往更能赢得周围人的善意和赞赏。

3. 甘当绿叶。

众所周知，阿姆斯特朗是第一个登上月球的人，当他踏上月球的那一刻，全世界的人都为他欢呼。当时阿姆斯特朗说了一句话："我个人跨出的一小步，是全人类跨出的一大步。"这句话家喻户晓。当人们把目光投向阿姆斯特朗时，却忽略了另一名宇航员奥德伦。他也登上了月球，只是比阿姆斯特朗晚了一点。

在庆祝登陆月球成功的记者招待会上，有一名记者突然问了奥德伦一个问题："这次登陆月球，是阿姆斯特朗先下去的，他是登陆月球第一人。对此，你会不会觉得有些遗憾？"

面对这个问题，奥德伦很风趣地回答："大家不要忘了，我们回到地球时，我可是最先出舱的。所以，我是第一个由别的星球来到地球的人。"在场的人听后都笑了，纷纷报以热烈的掌声。

毫无疑问，在这次"登陆月球"的事件中，奥德伦是个配角，但是不得不说他这个配角同样很出色，和主角同样受人尊重。

每个人都想当主角，但是主角往往只有一个。因此，很多时候，要学会在别人的戏码里做好配角。比如，和客户谈生意，你就得让自己做"绿叶"，来衬托客户这样的"大红花"。只有让对方感觉舒服了，感觉自己有地位了，合作才更容易达成。毕竟在场面上，大家都要面子，你给足对方面子，客户自然会开心。

人生如戏，每个人都是自己戏中的主角、别人戏中的配角。在办事过程中，真正的高手总是能认清自己的位置，不轻易去抢 C 位，而是先潜心做好自己的分内之事，甘当别人的陪衬。否则，实力撑不起野心，却偏偏要搏 C 位，到头来既办不成事情，又容易贻笑大方。

避免不必要的争论

《孙子兵法》曰："屈人之兵而非战也，拔人之城而非攻也，毁人之国而非久也。"意思是说，使敌人屈服不能靠战争，攻占敌人的城堡不能靠强攻，毁灭敌人的国家不能靠久战。

孙子强调用"非战""非攻""非久"的方式战胜自己的对手，这是一种间接运用力量的方式，是一种更为高明的兵战策略，充分体现了古代战略"不争之争"的思想。

如今，"争"是一种普遍的社会现象。争得过了头，就成了"卷"。其实，"争"的目的不是争，而是"不争"；同时，在"争"的谋划和实施过程中，也尽可能使用"不争"的手段来达到"争"的目的。这一点对提高办事效率有重要的借鉴意义。

有时候人际关系不和谐，办事不顺利，一个重要的原因是"争"——争话语权、争决策力、争输赢……经验告诉我们，如果双方意见不合，每次争执都会使分歧加剧。这是因为双方的言论大多基于自己的观点和立场，双方寻找各种理由来支持自己的观点，证明自己是正确的一方，而这往往会使争论变得更加激烈。这也是我们常说的"杠精思维"。

对持有这种思维的人，正确的做法是不与他们争执，要把"对"让给他们。为什么？一是你永远说服不了"杠精"，你越和他杠，他越来劲；二是无谓的争执会浪费时间与精力；三是会破坏你的心情。

那么面对“杠精”，我们是否就束手无策了呢？当然不是。我们可以采取以下三种措施来应对。

1. 提高站位和格局。

如果一个人经常因为与人争论而感到烦恼，这可能表明他的视野狭隘，站位不够高远。当你站在更高的位置时，你会发现根本没有所谓的“杠”可抬。毕竟，喜欢争论的人往往只是为了反对而反对，这和对方是谁没有太大关系。有些人可能需要通过争论来寻求关注，这往往是因为自卑感作祟。因此，要拓宽自己的视野和格局，不必与那些喜欢争论的人纠缠。

稻盛和夫曾说：“当我站在一楼时，我能听到有人骂我，但当我站在十楼时，我听不清楚，还以为他在向我打招呼。当我站在一百楼时，即使有人骂我，我也根本看不见也听不见。”这句话深刻地体现了稻盛和夫宽广的人生视野。

2. 不与之争辩。

某部电影上线后，人们褒贬不一。小李和朋友看过后，朋友说：“你不认为这是一部烂片吗？”

小李说：“不，我认为这是部少有的好片。”

“难道只有我一个人觉得烂吗？”

“所有电影你都觉得不好，你倒是说一部你认为好的呀！”

“看来你的审美有问题。”

……

两人从影院出来后，一直杠到半夜 2 点，还是没有分出胜负。第二天，两人还在为这件事争论，且双方不再摆事实、讲道理，逐渐发展为人身攻击。原本是一对好朋友，一夜之间成了死对头。

面对“杠精”，最好的应对策略就是闭嘴，在刚出现要杠的苗头时，要么赶快送他一连串的“对对对”“是是是”，要么闭口不言，不发表任何观点。这样，会第一时间打消其抬杠的激情与欲望。

3. 承认“错误”。

在有些情况下，光是闭嘴，不与之争辩，仍打消不了对方抬杠的念头，怎么办？那就干脆把“对”让给对方，承认自己“错误”。

一次，孔子的学生子路在门口和一个人辩论，引来一群人围观。

那人说：“一年只有三个季节。”

子路反驳说：“一年明明有四季啊！”

那人说：“不对，一年就只有三个季节。”

两人吵得不可开交，都快要动手了。这时，孔子刚好路过，于是，两个人便让孔子仲裁。

孔子听完，和那人说了一句：“你说得没错，一年只有三季。”

于是，那人得意扬扬地离开了。子路非常不服，气呼呼地问孔子：“连傻子都知道一年有四季，您为什么说只有三季呢？”

孔子回了一句话：“既然傻子都知道一年有四季，那你和一个连傻子都不如的人争论什么呢？”

记住，在与有“杠精思维”的人交流时，避免争辩，因为不会有理想的结果。在处理事务时遇到爱抬杠的人，不要嘲讽、不要挑衅，也无须动怒。最有效的方法是，认同他们的观点，赞同他们的“道理”，从而避免无谓的争执。

能与秉性、认知不同的人往来

我们经常会听到“三教九流”这个词。虽然这个词是中性词，但很多时候却被用于带有贬义的语境，比如，“这人不地道，三教九流什么人都交往”，言外之意是这个人交往的没几个好人。

其实，“三教九流”并非人们想象中的那样。其中的“三教”，指的是三大教派：儒、释、道。“九流”，一种观点认为指九种学派：儒家、道家、法家、阴阳家、纵横家、名家、墨家、杂家、农家；还有一种观点认为，“九流”指社会上的各种行业，其中又分上九流、中九流、下九流，这是古代对人的社会地位和职业等级的划分。今天，社会上已不存在“三教九流”，但人们仍习惯用它来形容形形色色的人。

要想办事顺畅，从某个角度上讲，就是要能和三教九流的人打交道。比如，有的人见了老板有一套交往法则，到4S修理店，和修车工也能相谈甚欢，甚至与街边捡废品的大爷都能开心地聊上几句。这样的人善于洞察人心，能够站在对方的立场考虑问题，理解对方言行背后的逻辑。整体上看，他们善于协调各种人际关系，沟通能力强，常被领导赏识，为同事所喜欢。

无论是在职场还是在日常生活中，我们都难免会遇到与自己性格脾气、生活方式、文化程度、三观认知等方面存在差异的人。通常，我们秉持的观念是“道不同，不相为谋”。这有一定的道理，但是在需要办事的时候，还得与之“谋”。你非常讨厌一家饭店的老板，是不是以后就不来此消费了？不一定，因为附近他家的饭店最上档次、菜品最丰富，是宴客的首选，哪一天家里来了客人，你还是会说服自己“就选他家吧”。你认为自己和公司经理三观不合，不想搭理他，那是不是从此和他不说一句话？客观上是做不到的，除非你辞职不干，每天抬头不见低头见，必要的招呼还是要打的。再说，工作上的事，少不了要交流合作。

再如，人们都说小区保安、物业人员素质差，每天恨不得骂他们一百遍。但如果你转换一下思想，对他们客气一些，见面打招呼，偶尔送点水果，那么你绝对会得到更好的服务。

王先生是一位出租车司机，平时爱交朋友，交的朋友各行各业的都有，有在机关单位上班的，有在医院上班的，有学校老师，还有其他行业的朋友。有的朋友还不是泛泛之交，关系处得不错。王先生需要人帮忙的时候，他就会找这些朋友，如帮忙在某医院挂号、网上购张车票，去车站接人等。他常说“在家靠父母，出门靠朋友，多个朋友多条路”。此话不假，多交一些各行各业的朋友，还是有些好处的。

每个人都生活在一定的社会环境中，有不同的脾气秉性，从事着不同的行业，可以说千人千面，与之交往，要灵活应对，即便遇到不合自己心意的，也不要“道不同，不相为谋”，毕竟生活还要继续。大多数人是能够遵循做人做事的一般原则的，比较容易相处。但是，的确有些人品德不好，阴险狡诈，跟这样的人来往，一定要多加小心。

学会和不喜欢的人“合作”

在现实生活中，对遇到的人与事，每个人都有一套自己的评判标准。这些标准可能基于个人的价值观、经验、教育背景、文化背景等因素。由此，不同的人可能会对相同的人与事有不同的看法和评价。就像有的人认为大蒜是无法抗拒的美味，而有的人却连其气味都闻不得。

面对不喜欢的人，许多人会选择公开表达自己的不满，显然，这种做法不可取。从心理学的角度来看，我们讨厌一个人，其实是在讨厌自己。心理学中，有一个效应叫“投射效应”，是指我们有将自身的某些特点投射到对方身上的倾向。

比如：

一个人爱占小便宜，自然而然地认为别人也爱占小便宜；

一个人尖酸刻薄，会认为他人也斤斤计较；

……

做事不仅需要策略、技巧，还需要与对方建立心理上的共振。只有与对方保持心理上一定程度的“共振”，与对方的沟通和合作才会更加顺畅。即便与我们做事的人是我们所不喜欢的类型，但我们亦要尽量包容大度。具体来说，该如何与不喜欢的人一起做事呢？

1. 找到利益共同点。

如果某个人有资源，但是你看他不爽，不想与他“合作”，想另辟蹊径，那只能说明你的心智不够成熟。精明的人不会这样做，他们常常和自己看不惯的人往来、合作。只要双方能找到利益共同点，就可以合作，而不会那么在意对手是不是自己喜欢的类型。

涉及利益点的东西有很多，不一定是金钱，还可能是业绩、人情、声望、职位、人际关系等，只要能互惠，合作就是可以谈的。

2. 在原则问题上阐明利害。

在有些场景下，我们需要用原则来“压”一下对自己不友好的人。比如，你是一家鞋厂销售部的经理。老板给你定了一个任务：每个月的销售额要达到 100 万元。如果不投入流量的话，这个任务将难以完成。你和老板说“帮我投入点流量吧”，老板说：“要是靠投入流量来提升销量，我还用你们销售部门干啥？你要是能干就干，不干别人来干。”

销量上不去，自己的位置可能不保，怎么办？此时可用“原则”去压对方，可以告诉老板：“您开厂是为了赚钱，现在公司投 1 万元的流量，我帮公司赚 2 万元的利润，净利润增加 1 万元，赚不到我走人！”

赚钱是老板开公司的一个根本原则，除此之外，还有客户满意度、社会责任、市场份额等。凡事都是这个道理，只要用好一些原则，并在原则问题上阐明利害，就可以掌握做事的主动权，让对方配合你的工作。

3. 用紧急的事情催他。

平时，大家在“例行公事”时，做事节奏的快慢，在很大程度上取决于个人。如果你希望对方优先处理你的问题，但对方表现出不情愿，或者不予理会的姿态时，该怎么办呢？这时，可以向对方说明事情的紧急程度，以及可能造成的影响。

比如，明确事情的紧急性。在与对方沟通时，清楚地说明事情的紧急性和时间敏感性。让对方明白为什么这件事情需要尽快完成，以及不及时处理可能带来的后果。还可以为对方提供一个明确的时间表，说明你希望事情在什么时间之前完成。这样可以让对方更清楚地了解你的期望，增加紧迫感。再如，强调事情的重要性，让对方明白事情对整个团队的重要性，以及对目标达成或问题解决的影响。

与合不来的人共事虽具有一定的挑战性，但却是提高办事能力的一个绝佳机会。在这个过程中，我们可以锻炼自己的应变能力、冲突解决能力和团队合作能力。此外，还能帮助我们提高情绪管理能力，让自己以积极的心态去面对问题，进而更好地掌控局面。

与人交往，把握好“一高一低”原则

《圣经 · 马太福音》中有一句话是这样说的：“你希望别人怎样待你，你就应该怎样待别人。”人与人之间的善待与互相抬举，实际上是一种深入的理解与尊重。当你尝试站在他人的视角和立场上思考，就会更能理解他们的需求和感受，进而能够更加尊重他们的人格和行为方式。

当你真诚地尊重和欣赏他人时，你其实是在给他们一种鼓励、一种力量。这种鼓励和力量会让他们更加认可你，愿意与你来往，同时会让你觉得自己的人生是有价值的。相反，如果你总是对他人抵触或者冷漠，那么他人也不可能对你笑脸相迎。

老人们常说：“花花轿子人抬人。”大家都捧你，你不想高都难；大家都踩你，你永远也高不起来。办事高手都懂得“抬人”，他们珍惜别人的价值，也珍惜自己的价值。在办事过程中，他们始终把握好“一高一低”原则。

1. 把别人“抬高”。

人与人之间的互相抬举，是一种积极向上的处世哲学。它强调的是合作与共赢，而不是竞争与对立。通过互相支持与合作，可以共同进步。相反，踩低别人来抬高自己，是一种让人不齿的行为，只会拉低自己的位置。

郝女士有一个不好的习惯，就是喜欢拆别人的“台”。有一次，同事正在向老客户介绍公司新研发的一款产品。她听到后，撇了撇嘴，说：“昨天刚了解一点皮毛，这会儿就用上了，有那么夸张吗？”同事瞬间尴尬至极，但在客户面前又不好说什么。

现实生活中，像这样的“拆台专家”并不少见，许多时候，他们说话办事看似不经思考，实则有意为之。比如，领导表扬某员工工作努力，他们会说“那只能证明他效率低”；领导说某人工作效率高，他们会说“那是工作难度低”。

2. 把自己放低。

真正会办事的人，懂得收敛自己的光芒，在该露的时候显露，不该露的时候，坚决收敛起来。因为他们知道，不当地抬高自己，就是断自己的后路。

一次，某公司采购经理带着秘书去拜访一位新客户。见面后，客户满面春风地径直走到秘书面前，双手紧握着秘书的手，“刘总”长“刘总”短。显然，他是认错人了。秘书一口一个“您客气了”，被“晾”在一边的经理脸色已变得铁青。客套过后，客户才意识到另一个人才是领导，只好表示歉意：“真不好意思，初次见面……”从那之后，刘总拜访客户再也没有带过这个秘书。

或许这位秘书的行事做派更有经理范儿，但是，他犯了一个大忌，那就是喧宾夺主，姿态有点高。

尤其是在请求他人帮助自己时，即使你拥有一定的社会地位，也应当适当降低自己的姿态，以符合“求助者”的身份。毕竟，很少有人愿意帮助那些自视甚高、趾高气昂寻求帮助的人。

不论什么时候、办什么事，你尊重他人，他人也多半会以同样的方式对待你。你欣赏他人的优点，他人也会看到你的长处。你愿意伸出援手帮助他人，他人也会在你需要的时候给予你帮助。这是一种情感的互换，也是一种相互的抬高。

收敛个性，圆融关系

从一定角度来看，个人魅力源于个性。个性展现得越充分，个人魅力释放得也就越充分。形成个性的因素，既包含了先天因素，如我们的天生特质和外貌特征，也涵盖了后天因素，如学习、教育和经验。需要注意的是，不恰当地强调个性并不是一件好事。

要立足于社会，就要有谋生的本领。首要的一点是，你要知道“社会”“职场”都遵循怎样的逻辑，有哪些运行规则。社会是什么？职场是什么？很多时候，它们是江湖、是是非之地、是“虎狼”出没的地方。从某个角度说，它们是消弭个性的。也就是说，在社会或职场中，过度彰显个性可能会带来意想不到的麻烦。

在历史上，那些因个性张扬而遭受不幸的人屡见不鲜。其中，三国时期的才子祢衡就是一个典型的例子。

祢衡年轻有为，才华横溢，但他的个性却让他为当时的权贵所不容。祢衡看不起那些权贵，认为他们不过是酒囊饭袋，没有真正的才能。这种态度让他在权贵中树敌众多。

汉献帝时期，孔融向曹操推荐了祢衡。曹操召见了祢衡。然而，祢衡的态度却让曹操大为不悦。由此曹操封祢衡为击鼓小吏，以此来羞辱他。这使得祢衡更加痛恨曹操。

有一次，曹操设宴款待宾客，让祢衡击鼓助兴。然而，祢衡却当众裸身击鼓。曹操虽然心中愤怒，却不想坏了自己的名声，因此没有立即下令杀掉祢衡。

后来，曹操将祢衡送给了荆州牧刘表。然而，祢衡的个性仍然没有改变，他再次因倨傲无礼而得罪了刘表。刘表同样不想杀祢衡，于是将他送到了江夏太守黄祖那里。在黄祖那里，祢衡依然我行我素，当众顶撞黄祖。黄祖非常愤怒，于是将他杀了。

不可否认，祢衡很有才华，但因为太有个性，不懂得收敛锋芒而丢了性命。如果他圆融通达，或许他的命运会截然不同。

明朝官员徐阶是一个很有能力的政治家，但他在官场上却非常谨慎，从不轻易表露自己的意见和情感。在严嵩专权期间，徐阶为了避免遭受迫害，一直收敛自己的个性，不与严嵩发生冲突，甚至还向严嵩送礼示好。后来，严嵩倒台，徐阶成为内阁首辅，他开始施展自己的政治才能，推行了一系列改革和政策，使得明朝政治得到了一定程度的提升。

徐阶通过收敛个性，在严嵩专权期间保护了自己，然后在适当的时候展现了自己的才能，明哲保身和青史留名都做到了，可以说是个处世高手。

一个人的才智终究是有限的，在社会上打拼，我们离不开他人的认可、帮助，甚至提携。因此，除了努力提高个人能力，建立和拓展人际关系也至关重要。过于个性鲜明或行为出格的人，通常很难处理好与他人的关系。

在生活和工作中，我们经常会面临各种各样的任务和挑战，而要想办成事、办好事，往往需要我们适当收敛自己的个性。这并不是说要完全压抑自己的个性，而是要在适当的时候控制和调整自己的行为和态度，以更好地适应环境，并与他人合作。

收敛个性并不意味着失去自我，而是要以一种适当的方式与人往来合作。只图自己痛快而不考虑他人的感受，势必容易树敌，影响自己的人际关系，给自己带来不必要的麻烦。

获得好人缘的几种途径

人生活在社会中，都希望自己朋友多、人缘好，能被更多的人喜欢、被更多的人认可和支持。好人缘是一笔无形的、可贵的财富，拥有了它，很多事做起来就会事半功倍、顺风顺水。然而，人缘的好坏不是自封的。从一定意义上说，它是一个人的品格、形象和处世手段的镜子。好人缘是外界对个人的处世品格、交际形象和办事手段的一种肯定性评价。那么如何获得好人缘，助力我们办事顺利呢？下面的方法可以借鉴一下。

1. 对人热情些。

待人的冷热态度，是处理人际关系的重要杠杆。对人“热”，能形成感情的交融和吸引；对人“冷”，则会令人心寒，让人望而却步。人缘好的人与人相处，谦和有礼，态度热情，和颜悦色，满面春风，给人留下和蔼可亲、平易近人的良好印象。这看起来似乎是小事，其实影响很大。它可以使对方感到心情舒畅，会让对方对你作出积极的评价。所以在与人交往时，要对人热情些。

2. 对人尊重些。

人人都有自尊心，希望得到他人的尊重，并会由此对尊重自己的人有一种天然的亲和力、认同感。因此，在日常生活中，不管对方的地位如何、才能怎样，只要与之打交道，就应给人以人格的尊重。做到礼遇要适当，寒暄要热烈，赞美要得体，话题要投机。让人感到他在你心目中是受欢迎、有地位的，从而得到一种满足，感到和你交往心情很愉悦。

3. 对人诚实些。

诚实的品质之所以被朋友作为起码的规范约定下来，被人们所重视，是因为诚实是一种高尚的人格，是对自己、他人和社会负责任的表现。人缘的好坏，在很大程度上是人格高尚或是人格卑微的对应物。对待他人真心实意、实实在在，办事说话有根有据，不捕风捉影；把问题摆在明处，光明磊落、踏踏实实，不要滑藏奸，必然能够赢得好感。

4. 对人宽容些。

现实生活中，每个人都有自己的个性、喜好和习惯。这些东西是很难统一的。与人相处应懂得照顾别人的个性需要，最大限度求同存异，不以自己的好恶来约束、苛求他人，己所不欲勿施于人，对他人的过失、不足，只要不是原则问题，就应给以宽容、宽恕，不要求全责备。

5. 对人主动些。

如上面所说，每个人都有自己的性格、喜好和习惯，而且很难统一。有的人不善交际，不愿主动与人沟通交流，给人一种冷冰冰的感觉，有拒人千里之外之感。交往时遇到这样的人，如果也像对方一样，势必会影响交流，所以不妨主动些，以你的主动唤起对方的热情。

办事的过程中难免会发生矛盾、分歧，善处关系的人，常常能换位思考，能以忍让态度化解矛盾，防止矛盾激化，表现出宽广的胸怀和浑厚的人格魅力。这种宽容大度、与人为善的品格会赢得对方的认可，进而建立起和谐的关系，有助于彼此之间的交往和合作。

最佳的距离，就是“有点距离”

在兵法中，有“行惟疏”一说，原意是指部队在行军过程中要保持一定间距，以便于遇到突发情况能够及时疏散和展开。这个理论在现实生活中同样适用，特别是在处理人际关系方面，“行惟疏”说更有借鉴意义。

原因很简单。人与人之间的关系，类似于相互取暖的刺猬，只有相互保持适度的距离，才能和谐地相处，而不会刺伤彼此。这是我们在人际关系中需要遵循的“刺猬法则”。这里的“距离”，通常是指物理距离或心理距离，而不是感情距离。

人的天性需要一定的距离感。太远了或太近了，都不适宜。太远了，没有关系了；而太近了，则容易变成控制。比如，一方因和对方关系很近，于是意欲将自己的想法强加给对方，这样就形成了一种“绑架”形式。

心理学家们举过一个例子。

女友说想吃梨，男生开心地把梨拿来，这就是亲密。然而，如果男生不爱吃梨，女生却认为梨味道好，又有营养，每天应该吃一个，并要求男友必须吃掉，这就是亲密过头，就是一种“绑架”。现实生活中，很多类似的亲密行为最后逐渐变成了控制，甚至道德绑架，让双方身心俱疲。

很多类似的案例似乎都在证明一点：当双方的关系太近时，离崩坏也就不远了。这也是人与人之间要保持合适距离的一个重要原因——悬崖的边界非常清楚，因此人们不会靠得太近，但水的边界比较模糊，所以经常会淹死人。清晰的界限，就是用来警示人们要保持分寸。一味冒进非常危险，适可而止，才能够确保安全。

再来看一个生活中的例子。

周先生开了一家餐馆。为了提升知名度，积攒流量，开业的前一天，周先生请朋友来吃饭。但让他没有想到的是，两周之后，仍有朋友前来蹭吃蹭喝。

不仅如此，有的朋友还时不时带一些亲戚、同事来，一边让服务员下单，一边自顾自地招呼着："大家别客气，这是我哥儿们的餐馆，都是自己人。"

面对这种情况，周先生很气愤，但又不好意思和朋友说。三天两头为朋友免单，餐馆仅有的一点利润全都搭进去了。

对于周先生来说，他正确的做法是及早和这类朋友划清界限，减少来往，甚至断绝关系。

任何关系，如果没有距离，到头来往往是一场灾难。看看生活中那些家庭矛盾、感情纠纷，不都源于边界感缺失吗？

著名作家三毛接受采访时，说过这样一句话："人与人交往需要有一尺的距离，远了心就淡了，近了恩怨就多了。"这就像看书，离书太近或太远，字都会模糊，而只有保持适当的距离，字才是清晰的。在这个世界，距离产生美，人生和世事靠得太近，都会出问题。

人与人相处是一门极深的学问。特别是在办事过程中，跟任何人保持适当的距离，既是一种尊重，也是一种保护。

第3计

借势计

——顺时应势巧办事

借东西不如借势，借东西要还，而借势不用还。借势成事，可少付出精力和资源，少走弯路，博采众家之长，极大地提高办事成功率。

未办事，先立势

鬼谷子曾讲："立势而制事。"大意是，真正的办事高手，在做一件事情之前首先会立势，让外部的环境有利于自己。这里的"立势"，可以理解为造势，造不可逆转的趋势，如此，办事就会少一些障碍。

清朝康熙年间，康熙皇帝采纳了大臣李光地的建议，任命施琅为福建水师提督，并指派大臣姚启圣协助施琅进行攻打台湾的准备工作。姚启圣遵循"三必剿"和"三必抚"的策略，积极部署作战计划。"三必剿"旨在瓦解敌人的三大支柱：一是摧毁敌人的士气，二是打击敌人的军事力量，三是控制敌人的海上交通；"三必抚"则是为了安抚郑氏家族、当地民众和"延平王"郑经，以争取他们的支持。

海战的胜利因素之一在于风向。出征之前，施琅为了鼓舞全军士气，进行了一场特别的铜钱占卜。他将数十枚铜钱扔在案桌上，正面多代表必胜，背面多代表必输。结果，所有的铜钱都正面朝上，因此全军士气大振。

其实，这些铜钱事先被施琅动了手脚，正面和背面的字图完全相同，无论怎么扔都是正面。这是一种心理战术，旨在坚定摇摆不定的士兵的信心，激发他们战必胜的信念。

"三必剿"和"三必抚"是从全局角度对攻台的环境进行造势，而铜钱占卜则是为了在决战前激发士兵的斗志而进行的内部造势。通过这些策略和手段，成功造出了“战必胜”的态势，并最终顺利攻下了台湾，为清朝统一大业做出了重要贡献。

在寻求他人帮助时，明智的做法是，事先隐藏自己的需求，在赢得别人的信任后再抛出需求。例如，在借钱这一常见的情境中，直接开口请求可能会导致对方因各种考虑而犹豫或拒绝。一个更为有效的策略是，先通过交流展示自己的困境和偿还能力，这样，他们在回应你的请求时会更加倾向于同意。

求人办事时，避免直来直去，要学会先立势再办事。通常，在办事前要学会立五种势。

1. 人情之势。

一回生，二回熟，三回成为老朋友。这个道理大家都懂，懂了就要用，特别是用在熟人身上非常灵验。因此，平时要多和一些潜在的办事对象来往，必要的时候，要主动送个人情。否则，见了面连个招呼都不打，有事了，跑到对方跟前，事情自然难办。

2. 信息之势。

特别是在求领导办事时，这一点非常重要。除非是非常紧急的事情，通常不要贸然去打扰领导。如果一定要找领导办事，首先要做信息上的铺垫，让对方有心理准备，即要通过各种方式向领导透露一下：你要办什么事，要什么时候办，难度有多大，提供的资源有什么，等等。这样，领导也好有个缓冲和准备。如果在领导不知情的情况下，你突然找对方办事，那就显得很唐突。

3. 结果之势。

在办事时，不应仅凭自己的主观臆断去处理事情、预测结果，而应做好充分的准备，为可能出现的最坏结果做好铺垫。在表达自己的意见或请求时，要特别注意语气，以避免给人留下不愉快的印象。例如，可以这样说：“这件事情可能需要您的帮助，如果能够顺利解决，当然最好。但不论结果如何，都感谢您的关心和付出。”这样既表达了自己的需求，也体现了对对方的尊重，同时为对方预留了余地。

4. 缓急之势。

要清晰地阐述事情的轻重缓急，以确保对方对所办事项的优先级有所了解，并给予足够的重视。否则，对方嘴上答应下来了，具体什么时候办，可能就没有一个准确的时间了。

5. 利益之势。

在办事之前，要表达自己的感激之情和尊重之意，必要时，可以加上一句“事成之后，必有重谢”之类的话。另外，为了表达自己的诚意，可以先送一些小礼品之类。做好这些铺垫，对方办起事来自然会少一些顾虑。

很多时候，一旦势立起来了，事情就简单了。从这个意义上说，办事其实就是“办人”，一件事情，如果你就事论事，往往会遇到一些“卡点”。如果改变一下办事逻辑，用“办人”的思维办事，在办事之前先通过立势把人给“办了”，便可达到以势制事、事半功倍的效果。

求之于势，不责于人

《孙子兵法》中说："激水之疾，至于漂石者，势也。"意思是说，湍急的流水飞快地奔流，以致能冲走巨石，这就是势的力量。一旦形成某种"势"，其力量往往是巨大的，无人能够阻挡。这正应验了那句"形势比人强"的道理。

在办事或达成目标时，善于布局和造势的人能够巧妙地利用这种力量。他们懂得如何通过策略性的行动和宣传来塑造有利的形势，从而使自己的目的更容易实现。这种能力涉及对环境的敏感度、对人性的理解以及对时机的把握。

在电视剧《三国演义》中，诸葛亮作为一位卓越的战略家，深谙造势之道。当刘备赴江东招亲时，诸葛亮暗中告诉赵云，让荆州的随行兵士都穿上喜庆的衣服。这一举措旨在营造一种热闹非凡、喜气洋洋的氛围，如同今日的广告宣传一般，引起广泛的关注。

这个精心策划的舆论声势，果然惊动了东吴的乔国老和吴国太。孙权和周瑜原本计划扣留刘备，却在这样的声势下不得不继续将戏演下去。最终，刘备不仅成功地娶到了孙夫人，还顺利地保住了荆州，这一结果在很大程度上得益于诸葛亮高超的造势策略。

那什么是造势呢？

从字面上理解，就是制造声势，也就是通过一系列有目的的行动，创造一种对自己有利的环境和态势。这种行动可以是正面的，如通过宣传和推广来提高知名度；也可以是负面的，如通过炒作来制造轰动效应。

造势的手段和方式多种多样，包括舆论宣传、公关、社交媒体营销等。这些方式都可以帮助扩大影响力和知名度，提高自身在公众心目中的地位和形象。最常见的造势情况是新店开业。为了吸引人们的注意力，扩大曝光，商家会举办各种庆典活动，如锣鼓队表演、歌舞演出、现场抽奖等。通过这些活动，商家可以吸引大量顾客和路人，提高知名度，促进销售。

兵法上说："故善战者，求之于势，不责于人，故能择人而任势。"善于指挥打仗的将帅，将主导思想放在依靠、运用、把握和创造有利于自己取胜的形势上，而不是去苛求自己的手下，因此能根据形势的变化选择适于担当重任的人才。

在战场上，真正善于指挥作战的统帅，会努力创造有利于己方的态势，并且能够巧妙地将自身力量与态势相结合，进而取得胜利。正如木头和石头，在平坦的地形上它们几乎不具备攻击性。而善于用兵的人则能借助地理优势，将石头和木头置于高处，人为地营造出有利于己方的态势。

在多数人的眼中，王阳明只是个温文尔雅的读书人，弱不禁风。然而，正是这位看似文弱的书生，在战场上屡创军事奇迹，常以微小的代价换取重大的胜利。这主要得益于其高明的造势策略。

王阳明的一生中，有三次辉煌的军功被传颂至今。第一次，他在南赣剿匪中展现出惊人的指挥才能，成功平定了匪患，保障了地方安全；第二次，成功平定了宁王的叛乱，维护了明王朝的统一和稳定；第三次，在广西思州、田州之乱中，他再次发挥出色的军事才能，平定了动乱，恢复了当地的秩序。

在平定宁王叛乱时，王阳明身边只有一些临时拼凑的散兵，相较于宁王的大军，这点兵力显得微不足道；在装备方面，也远远落后于宁王军队的装备。为了利用有限的条件成功阻止宁王北上，王阳明决定釜底抽薪，直接进攻宁王在南昌的老巢。

尽管主力不在，但南昌的防御依然坚不可摧，强行攻城将导致重大损失。因此，在发起攻城之前，王阳明进行了大肆宣传。他公开谴责宁王的罪行，使民众对其深感愤慨，同时削弱了守城官兵的士气。接着，他激励士兵们勇敢作战，并明确规定了进攻的节奏：一遍鼓声时靠近城墙，二遍鼓声时开始攀登，三遍鼓声时若未能登城则杀掉小队长，四遍鼓声响起时若仍未能攻下城池，带兵将领将被处决。一时间，部队的斗志被点燃。

在这番操作中，王阳明主要采用了造势策略。先从心理层面打击守城将士，削弱其士气，再凭借高昂的士气和严格的军令取得最终的胜利。

在平时办事中运用造势策略，意味着要通过一系列的举措和策略来创造有利的环境和条件，进而提高办事效率和成功率。

借势的前提是已经有势了，要想办法“借”过来以达成自己的目的。不同于借势，造势需要无中生有，“造”一个出来。一旦势“造”出来了，就可以掌握办事的主动权，接下来要做的就是顺势而为。许多时候，势起来了，事也就成了。

人微言轻，要学会“造势”

在日常生活中，我们时常会遇到这样的状况：我们竭尽全力地向家人或朋友提出忠告，希望他们能够纠正我们眼中的一些“过失”，然而他们似乎并不买账，甚至对我们的建议不屑一顾。在这种情况下，我们可能会觉得他们不愿意接受别人的意见。

其实，这并不是因为他们真的不愿意听劝，而是因为我们的建议可能不够分量。古人有言：“力微休负重，言轻莫劝人。”这句话的意思是，如果一个人的力量小，就不要去承担过重的负担；如果一个人的话语没有分量，就不要去试图劝说他人。这提醒我们，在提出意见时，要考虑到自己的影响力和说服力。

周星驰主演的一些电影初看是喜剧，但细细品味后，会发现它们是一部部现实主义的励志影片。他主演的《少林足球》中的一段对话让人尤为深刻：大师兄对周星驰说：“我劝你还是脚踏实地的好，这里有个洗厕所的工作先做着，别总做那些不切实际的梦。”面对大师兄的忠告，周星驰激动地回应：“如果人没有了梦想，那和咸鱼有什么区别？”大师兄听后反而笑了：“你连鞋都没有，不就是一条咸鱼吗？还谈什么理想？”

这段对话不仅充满了幽默，其中所蕴含的智慧也发人深省。它揭示了这样一个现实：当一个人的社会地位较低时，他的言论和行动往往缺乏影响力，连表达理想都会被视为空想，甚至遭到嘲笑。这种现象背后的现实是，处于弱势地位的人往往因为缺乏权力和资源而难以让自己的声音被关注和重视，即便他们的观点和见解是对的；反之，地位较高的人则容易通过他们的言论和行为来影响和操控局势。

因此，在行事过程中，我们应当理性评估自己的能力、身份和地位。应当根据自己的能力来决定所承担的职责，切勿追求过高过远的目标，勉强自己去完成力所不能及的事情。

所谓“人微言轻”，并不是说那些地位较低的人发表的意见没有价值，只是他们的发言可能不会被重视，即话语权较低。同样的言论，由一个不知名的人发表和由一个声名显赫的人发表，得到的反响可能是天差地别。例如，一个普通人对某件事的见解可能非常独到，但大多数人可能只会将其视为一家之言；而当一个有地位或有影响力的人表达相同的观点时，则可能会被视为至理名言，具有指导意义。

在古代社会，个人的社会地位和财富往往与家族背景和职业紧密相关。以刘备为例，他原本是一个普通的草鞋匠，生活勤劳但社会地位低下，经济条件也不宽裕。然而，刘备并未被这样的社会现状限制，他积极地与社会各界人士交往，并常常自称为“中山靖王刘胜之后”，以此来提高自己的身份和地位。虽然并非所有人都完全相信他的说法，但这个“皇族后裔”的身份标签确实为他赢得了更多的尊重和重视。

刘备也十分清楚，只靠老祖宗的名气无法长久立足，想要真正成为名副其实的皇族后代必须有所作为。于是，他开启了自己的“创业”之路，并最终取得了成功。在这个过程中，“刘皇叔”的名号让他获得了一定的便利。

历史上的很多人物都善于借用他人盛名让自己崭露头角，这也是我们俗称的“造势”，或“傍大树”。这个策略在办事过程中同样适用。当我们缺少一定的社会地位或“头衔”，也没有足够的资源和影响力时，要想把事情办成、办好，就需要通过适当的“造势”来赢得别人的重视与认可。

因此，当你发现自己的建议被忽视、号召无人响应、劝说无效时，不必一味灰心或质疑自己。要理解人性的本质，学会少说多做，并通过适度的“造势”策略来展示自己的智慧、财富和地位，以此来提高自己行动的影响力和办事能力。

借势而进，乘势而上

在现实中，许多人倾向于独立行事，不愿意或不善于团队合作，长久来看，这种做事方式不利于个人发展。单打独斗或许会让你成为一员猛将，却无法成为统兵大帅。毕竟，一个人的智慧和精力是有限的，想做成事、做好事，就不能局限于自我封闭、孤立思考的模式。

有的人之所以能够成为办事高手，在很大程度上得益于他们深谙兵法中的“借势”。借势，不同于借钱，借钱必须还，而借势则不同，它能助力他人达成目标，而且无须回报。特别是借助那些声望显赫之人的力量，往往能让我们少走弯路，更加顺畅地实现目标。

荀子在《劝学》中说：“假舆马者，非利足也，而致千里；假舟楫者，非能水也，而绝江河。君子生非异也，善假于物也。”这句话的意思是，借助车马的人，并非自己跑得快，却能远行千里；借助舟船的人，并非自己善于游泳，却能横渡江河。君子的本性与别人没有差别，只是因为他善于借助和利用外物，所以就显得与众不同。显而易见，“善假于物”是一种善于借助外部力量的大智慧。

实际上，“借势”也可以被理解为一种杠杆原理的应用，利用他人的力量来达成自己的目标。这里的“杠杆”指的是你能够借助资源和渠道，而“支点”则是你的目标需求。杠杆原理告诉我们，通过适当的支点，可以放大力量的效果，即以小博大，实现“四两拨千斤”的效果。

在日常生活和工作中，善于“借势”意味着能够用较小的力气、较小的代价去处理那些困难、烦琐或令人烦恼的事情。

古往今来，靠借势成事的事例数不胜数。

“好风凭借力，送我上青云”表现出薛宝钗希望借力、顺势而上的野心和智慧。

“站在风口上，猪都会起飞”是雷军对借势的理解。

“草船借箭”是诸葛亮施展智谋，借助他人资源取得成功的一次辉煌胜利。明知三天内无法完成铸造十万支箭的任务，他巧妙地利用大雾天气和曹军的过度警惕，通过草船诱使曹军射箭。最后，成功地获得了所需的箭矢，缔造了军事史上的奇迹。

成吉思汗是善于利用外部力量的高手。有一次他攻打蒙古蔑儿乞部时，面临兵力不足的困境。在此关键时刻，他巧妙地与草原上的一位杰出领袖札木合结盟。然后他借助札木合的力量，成功消灭了蔑儿乞部。后来，与札木合展开争霸战时，成吉思汗又策略性地与王罕联合，成功地击败了札木合，从而在草原上确立了无人能敌的霸主地位。这些都是成吉思汗巧妙运用“借势”策略的历史实证。

在这个世界上，努力的人比比皆是，但要在竞争中脱颖而出，一定要学会借势。人永远跑不过马，但是骑在马上就可以一起快起来。

尤其是对于初入社会的新人来说，有些经验和知识不宜从头开始摸索，直接借鉴前人的经验和智慧是最快捷的方式。谁能整合最多的资源，就应该尽量与之“结盟”，形成合作关系。古人云：“闻道有先后，术业有专攻。”在当今这个对专业素养要求极高的时代，如果没有相关经验或不是专业人士，很难辨识事情的对错。因为许多时候，成功与失败之间的界限比较模糊，一个决策、一句话就可能决定是非。因此，我们应当学会利用前人的经验和智慧，与专业人士共谋，或跟随行业大师，做出明智的选择。就像冠军的教练往往是国际级的，因为没有这样的教练，很难培养出冠军。借鉴他人的经验是一种智慧的体现。

同时，选择合适的合作伙伴和资源也至关重要，错误的选择可能会导致失败。在做出选择时，应该考虑潜在合作伙伴的能力、信誉和价值观，以确保合作能够高效且顺利地进行。

当然，借势并不是简单地依赖外部力量，而是在面对各种事务时，能够巧妙地利用周围的环境、条件和趋势来达成目标。这实质上是一种智慧，更是一种策略。特别是在现代社会，随着分工的日益细化，人们越来越重视合作，即需要学会调动身边的一切资源，包括人力、物力、财力、信息等，以提高自己的办事效率。

借圈子之势，优化社交框架

人们都渴望融入一个更为优秀的社交圈。通常，你所处的社交圈层次在一定程度上能够体现你的个人能力和成就。

如果你的社交圈主要由那些只知饮酒作乐、不能相互成就的朋友组成，那么这样的圈子对你并无益处。如果你的社交圈有一定层次，这也并不意味着你的办事能力就一定很强。

在谈论社交圈时，我们总是不可避免地提及“交情”这个词汇。

什么是交情？交情，通俗地理解就是你有事时，只要开个口，我能帮就帮；我有事时，该张口就张口，双方之间没有太多隔阂。如果连这都做不到，那就谈不上交情。在人际交往中，交情的培养需要时间和共同经历的积累。它不仅仅是一时的利益交换，更是一种情感的投入和长期的默契。当我们说与某人“交情不浅”时，通常意味着我们与对方有着良好的沟通和合作基础，能够在彼此需要时给予实际的帮助和安慰。

通常，那些办事能力强的人拥有广泛的人脉和众多老交情。今天你请我帮忙办事，明天我找你协助解决问题，这样的互动交流使得彼此间的人情味越来越浓，关系网也越来越大。然而，向老交情求助也有其前提条件，那就是双方必须有足够深厚的交情，同时你对对方有某种程度的利用价值。如果没有这些基础，那么合作就变成了纯粹的求助，性质就发生了变化。

有些人可能表面上有广泛的人脉，社交圈中甚至有一些层次很高的“朋友”，但这些关系大多只是点头之交，平时很少有深入的交往，更别提深厚的交情了。在这种情况下，想要借助这些关系获得帮助就会比较困难。

比如，有些人总是滔滔不绝地谈论自己与这个人那个人的交往，今天和这个吃过饭，明天和那个喝过茶，听起来好像关系很铁。实际上，他们对于这些人的个性、喜好、生活习惯、职业等信息并不了解。这些人之所以这样做，在很大程度上是为了获得社交认可，让人们认为他们在社交圈中有着一定的地位和影响力。

其实，人脉关系不是用来炫耀的，那样容易给人留下虚荣的印象。办事高手不会一味炫耀自己的圈子，为炫耀而炫耀，而是会巧妙地让圈子中有权有势的人为自己“站台”或“背书”。

有一位小职员工作兢兢业业，却一直未能获得升职加薪的机会。后来他意识到，在职场中必须会“来事儿”，而自己在这方面没有优势。一次，他的一位大学同学突然成了公司的高管。起初，他并没有特别在意，只是以老同学的身份私下里与他保持联系。这位高管对他的为人非常认可，他们之前在大学时期的私交就很好。因此，在公司的其他领导和众多同事面前，这位高管经常不经意间提起他。时间一长，同事们也不得不对这个一直默默工作的人表示敬意。那些之前对他不太友好的人，也对他变得毕恭毕敬。

想要像故事中的小职员那样借助交情的力量，首先自己要赢得对方的认可，要具备一定的能力，以至于别人对你的推荐能够经受住实践的考验。换句话说，想要得到他人的支持和帮助，自己首先必须强大。想要融入一个更优秀的社交圈，自己也不能逊色，必须拥有独特的优势，以便与他人形成互补，这样别人才有理由接纳你并给予帮助。

你可能在某个领域技术精湛，如果没有，那么就应该尽快提升自己；

或者你具备高情商，能够让人在与你相处时感到舒适；又或者你拥有独特的资源愿意与他人分享。总之，你需要有自己的比较优势，如果差距太大，就不要勉强自己融入。有些人不惜一切代价想要加入高尔夫球俱乐部、高端汽车俱乐部或者顶尖商学院，借此进入高端社交圈。但这种做法往往效果不佳，原因在于自己的实力不足以匹配，同时无法为圈子提供相应的价值。

当融入一个圈子后，先不要急着去借势，而要学会经营自己，让大家看到你的价值、能量，然后循序渐进，与大家建立合作、共赢，甚至是利益捆绑关系。如此，借势也就是自然而然的事了。

具体来说，就是把握好以下三点。

1. 经常“刷新”自己的能力标签。

在适当的时候，我们应该在社交圈中分享我们擅长或熟悉的领域。这样，当圈内人谈论到与我们能力相关的话题时，他们就会首先想到我们，这也就意味着我们已经获得了半个成功的机会。

比如，假设你加入了一个在线社群，在为期三个月的观察中，你注意到群成员在交流时都会突出自己的专长。于是，你开始积极展示自己的摄影技能。经过一段时间的分享和互动，社群中的多数人了解到你擅长摄影，甚至有些人会向你寻求建议。因此，我们需要恰当地突出自己的存在感，让圈子中的人首先认识到我们的能力标签。

2. 与他人实现价值交换。

真正的价值交换是基于双方都能从交易中得到所需的一种平衡。这种交换不仅仅限于物品或金钱的交换，还应有其他方面的需求满足。

以一个具体的例子来说，某人手中有一个机器配件，对于他来说没有用处，而你正好需要这个配件，即使花费几百元购买，对于你来说也是非常值得的。在这种情况下，双方就可以以几百元的价格进行交易。对于你来说解决了缺配件的问题，对于他而言则是将无用的物品变卖为现金，双方都从这次交易中获得了价值。

如果对方只是将其作为废品出售，可能只能得到十几元，而且交易双方仅仅是一般的买卖关系。但是，如果他选择卖给你，你认为物有所值，而他也对出售价格感到满意，那么除了基本的买卖关系，你们还建立了一种基于相互认可和满意的人情关系。因此，这种价值交换更加深刻和有意义，是值得我们提倡的。

3. 成为圈子的合伙人。

将个人的能力转化为圈子内的产品，并成为圈子的合作伙伴，是一种双赢的战略，它不仅能够丰富圈子的内容，还能增强个人的品牌影响力。

例如，如果你擅长制图，当社群中有需要时，你可以主动展示你的这项技能和产品，并可以与社群的管理团队共同维护或推进相关项目的运营。在这个过程中，你的个人价值和影响力会随之增长。

为了实现这一目标，当我们刚加入一个圈子时，需要细心观察圈子的需求，因为价值源于对需求的回应。然后，寻找合适的机会，让自己成为圈子的合作伙伴。

那些能够真正执行上述策略的人，将逐渐积累起圈子的势能。当他们在朋友圈中宣布自己完成了一本书、开设了一门课程、建立了一个新的群组或开发了一个新产品时，往往能够得到积极的响应。这种响应不仅仅是因为他们的宣传文案写得好，更是因为他们长期以来一直在积累和提升自己在圈子中的势能。

借贵人之势，增加办事能量

社会就是一个由人构成的复杂网络，我们将其称为人脉。在这个网络中，那些能够联结不同层次、帮助我们拓宽视野的关键人物，我们称之为“贵人”。没有这些贵人的帮助，我们的社交网络就难以扩展和深化。

那么，“贵人”究竟“贵”在什么地方呢？他们不仅仅能为我们提供资金或资源帮助，更能帮助我们打破固有的思维模式和认知局限，引领我们超越狭隘的视野，最终走向更加宽广的人生舞台。这些贵人可能是老师、上司，也可能是同事、朋友等，只要他们对我们的个人成长有所助益，帮助我们克服不足，提供支持，都可以被视为我们的贵人。

常常有人说：“职场处处皆贵人。”良好的人脉对职业发展的影响力不容小觑。它不仅在职场发挥效用，在生活的方方面面都适用。有了贵人的扶持，各项事务都会由此变得更加顺利。

清朝时期，官场的传统是通过建立关系网和请求他人撰写推荐信来获得官职。然而，左宗棠这位军机大臣却坚持不为人写推荐信。他说：“只要有真才实学，自然会有机会被人发掘和重用。”左宗棠一位挚友的儿子名叫黄兰阶，在福建担任候补知县多年，却始终未能获得实职。当黄兰阶了解到其他人都得到了高官的推荐时，他忽然想起了父亲与左宗棠的深厚友谊，于是决定去请求左宗棠为他写一封推荐信。左宗棠见到是故人之子，对他极为友好，但当黄兰阶提出希望他为自己向福建总督写推荐信时，左宗棠却婉言拒绝了，用几句话让黄兰阶明白了他的立场。

黄兰阶感到有些失望，他离开左相府后，到琉璃厂欣赏书画以舒缓心情，结果在那里意外地发现了机会。他发现一位店主正在精妙地模仿左宗棠的书法。黄兰阶随即计上心来。他让店主在扇子上题字，并假托左宗棠的名义落款，然后带着扇子得意扬扬地回到了福州。

终于等到参见总督的日子，黄兰阶手持扇子，自信满满地走进总督府。总督看到他，好奇地问："都已经立秋了，为何还拿着扇子摇个不停？"黄兰阶故意在总督面前挥动扇子，回答说："实不相瞒，大帅，天气并不热，但这把扇子是左宗棠大人亲赠的，因此舍不得放下。"

总督听后，惊讶不已，暗自思忖：我原以为黄兰阶没有靠山，所以多年候补也没想到他，没想到他竟有左宗棠这样强大的后台。左宗棠是皇帝眼前的红人，如果他对我有意见，只需在皇上面前说几句坏话，我的麻烦就大了。总督仔细检查了扇子，确认确实是左宗棠的手笔。他将扇子还给黄兰阶，心情沉重地回到后堂，与师爷商议此事。第二天，他就让人挂出了黄兰阶出任知县的任命牌。

后来，黄兰阶凭借自己的才干，晋升为四品道台。福建总督一次进京时，向左宗棠提及黄兰阶："宗棠大人，您的故友之子黄兰阶，现在我们省里担任道台。"

左宗棠闻言，愉快地笑了："哦！那真是太好了！他上次来找我时，我就对他说：'只要有真才实学，自有机遇找上门。'看来老兄你确实有识人之明啊！"

实际上，每个人都拥有成就事业的潜力，如何让这些潜能得到充分的发挥，有时取决于你周围那些贵人的引导和助力。接受贵人的恩惠，就像是将一颗种子播撒在肥沃的土地上，让它得到充足的养分，快速生长。因此，如果你渴望提高自己的办事能力，就应该积极寻求贵人的支持，让他们成为你前进道路上的助推器。

正如古人所说："自己努力百次，不如贵人助力一次。"那么，如何才能有效地结交贵人，并赢得他们的提拔和关照呢？

1. 始终保持真实。

真实，是获得贵人相助的最大资本。在贵人面前，千万不要伪装自己，不要想着去欺骗贵人。因为绝大多数贵人比你厉害，无论你有多少实力，内心有怎样的想法，在贵人面前，都是难以隐藏的。相反，只有保持真诚，展现最真实的自己，才更容易赢得贵人的好感，从而获得贵人的相助。

2. 人品一定要正。

既然是贵人，肯定会有选择性地扶持和帮助他人，而选择的对象基本是做人做事比较稳重、靠谱的人，并且能够自我完善、自我更新、不断成长，是能让贵人有稳定预期的人，是能让贵人放心地将重要任务交托并在事成之后懂得感恩和回报的人，而不是让贵人白白付出，甚至恩将仇报的人，这是任何贵人都不愿意遇到的。

在贵人看来，做事的能力可以培养和提升，而人品差，那这个人肯定是不能扶持的。所以，人品差，即便能力很强，也很难入贵人的法眼。

3. 要有上进心和活力。

在贵人面前，要表现出积极乐观的心态，浑身散发着一种正能量。特别是在遇到一些挫折和打击时，不要灰心丧气，要有逢山开路、遇水架桥的勇气和魄力。贵人看到你这样的表现，即便不认可你现在的实力，也会认可你的潜力，觉得你是一个可以投资的潜力股，也是很有可能帮你一把、扶你一程的。否则，让人觉得你这人“烂泥扶不上墙”，那对于帮你的人来说就是一种讽刺了。

4. 要懂得感恩和回报。

虽然贵人帮助你、指点你，不一定是期望你有什么样的回报，而是希望看到你的进步和成长，让他们觉得自己的付出是有价值的，但是，是否要求回报是一回事，你是否懂得感恩、愿意回报又是另一回事。如果你不懂得感恩，不愿意回报，那和忘恩负义的人有什么区别呢？贵人即使不在乎，心里也不会舒服，还会愿意继续帮助你吗？在其他人眼里，肯定也会看低你，觉得你这个人人品有亏。

阅人无数，不如贵人相助！在求人办事时，若能遇到贵人并得到其相助，对于人生而言至关重要。当然，在遇到贵人之前，一定先要不断提高自己的能力和价值，让自己变得更优秀。从这个意义上说，你就是自己最好的贵人。

借客户之势，打造强势联盟

成功的商人十分注重借客户之势。他们的大部分商业活动集中在如何借助客户的力量上。他们认识到，这种良好的合作不仅能够带来即期的经济收益，更能为企业长远的发展奠定坚实的基石。

胡雪岩在涉足丝茧生意时，机缘巧合地结识了“洋买办”古应春，并由此打开了与洋人的商业往来。当时，胡雪岩负责左宗棠为西北平叛而特别设立的上海采运局。这个局的职责广泛，包括筹集洋款、购买轮船机器，以及采购西式武器弹药和火炮等。由于左宗棠对平叛工作的高度重视，他对胡雪岩的作用自然也就予以了极高的评价，在洋务方面的所有事务都由胡雪岩出面洽谈。这使得胡雪岩逐渐建立起自己在买办界的领导地位。

胡雪岩作为左宗棠信赖的人，其信誉和地位赢得了洋人的高度重视和积极交往。胡雪岩与洋人进行贸易往来近20年，不仅丰富了自己的人生经验，也助力自己建立起在洋场的影响力。

洋人非常信任胡雪岩。有一次，一位江南制造总局的买办接手了胡雪岩的一笔生意，却被告知胡雪岩已经拥有了枪支的底价优惠，无论谁接手生意，都需要给予胡雪岩一定的折扣。

这些事说明了合作与信誉的重要性。胡雪岩凭借与左宗棠的紧密合作，赢得了左宗棠的信任和支持，为他赢得了在洋场的独特地位。同时，洋人也借助胡雪岩的势力进行商业往来，这进一步证明了相互借势在商业成功中的重大作用。

在竞争激烈的商业环境中，借助重要客户的力量，能显著提高企业或个人的地位和影响力。例如，通过与有影响力的人物或机构建立联盟，利用他们的资源和社会声誉，可以更迅速地开拓市场、发掘机遇，并获得更广泛的支持与认可。

然而，有些人为了借势，选择牺牲自己的尊严和面子，这种做法长远来看是得不偿失的。高明的办事者深知，在借助客户力量时，需要精心把握技巧和力度。概括来说，这里有几个关键点需要注意。

1. 切忌奉承，不卑不亢。

在与客户应酬时，如果满嘴都是奉承话、违心话，完全失去了自己的原则与立场，那对客户也是一种失敬。因为没人希望别人是单纯带着利益与自己交往的，如果一开始就迫不及待地把对方捧上天，对方感受到的不会是荣耀与满足，而很可能是反感和厌恶。在商业交流中，真诚和信任是基础，过分的热络可能会适得其反，影响双方的合作与沟通。

A 先生热情开朗，善于交际。在一次与重要客户的会议中，他出于善意，对客户的气质和品德给予了高度评价。然而，或许因为他的表达方式过于热烈，加上客户本身就是经验丰富的商业人士，对各种交际手段颇为熟悉，因此客户认为 A 先生对他的赞美有些虚伪，并由此认为 A 先生并不是一个沉稳踏实的合作伙伴。

2. 态度自然，不必拘谨。

面对那些在地位、经验、知识等方面均优于自己的客户，人们往往会感到一种压力。在这种情况下，与对方往来时要注意表现出自信，保持自己的立场和个性。这样做可以向客户展示你的能力和魄力。特别是与那些声望显赫的客户打交道时，更不要过于拘束，适当地表现出自己的从容不迫，有助于展现自己的专业精神和实力。

3. 巧托会配，不可狂妄。

在与重要客户交往时，要把握一个重要的原则，即始终尊重客户，让他们成为焦点，而自己则扮演好辅助角色，不要抢了客户的风头。

4. 实事求是，稳健自信。

在与大客户交往时，不要为了面子而虚张声势；相反，应该以诚实和真实的态度来建立互信关系。展示自己的实力和能力是重要的，但应该以一种稳健和自信的方式进行，而不是通过虚张声势来吸引客户的注意。虚张声势的结果是可能会失去客户的尊重和信任。

总之，要想借一些重要客户之势，先得让对方认可你、接受你，而且要有好的悟性，懂得适时进退，把握时机，方可能成功借势。

借名人之势，拔高个人位势

《兵经百字·借字》云：“己所难措，假手于人，不必亲行，坐享其利；甚至以敌借敌，借敌之借，使敌不知而终为借，使敌既知而不得不为我借，则借法巧也。”这段论述反映了一种深刻的军事智慧，即在战争中要充分利用各种可用资源，包括自己的力量、敌人的力量，甚至敌人的敌人的力量。这种策略展示了军事家们的高明策略和深远眼光，他们不仅善于调动和运用自己的资源，还懂得如何借助敌人的资源来增强自己的实力，或者通过敌人的敌人来间接削弱敌人。

曾国藩是运用这种策略取得成就的典范。当他被清政府任命为团练大臣时，他意识到单纯以“勤王”号召难以激发志士仁人的热情。于是，他采用了一种高明的策略，将活动重点放在维护传统文化上，并在此基础上顺便提及“勤王”的使命。

在《讨粤匪檄》中，曾国藩巧妙地借助孔子和孟子的声望，强调太平天国对传统文化的破坏。他成功触及了众多读书人的情感，使他们心甘情愿地支持他的事业。通过这些圣人的影响力，曾国藩成功集结了一支强大的队伍，为后续的成功奠定了坚实的基础。

从古至今，利用他人的力量来达成自己的目标一直是办事的有效策略。特别是利用名人的影响力来提高自己的社会认可度，是一种直接且高效的手段。

在好莱坞，流行着这样一句名言："一个人的成就，并不仅仅看他有多少产品，而看他的朋友中有多少有名人士。"在我们的日常生活中，这样的例子也比比皆是。如果在一群陌生人中，有个人自称是某位著名人士的朋友，或者说是某位著名商人的亲戚，我们很可能会对他刮目相看，至少会对他另眼相看。

人们普遍渴望与名人或声名显赫的人士建立联系。翻看历史，我们可以发现许多原本默默无闻的小人物是如何借助名人的威望来提高自己的知名度的。

在商业领域，许多商家倾向于找名人代言，并为此投入巨额资金，这实际上是一种借力策略的运用。人们往往认为，如果名人喜欢使用某个产品或服务，那么这个产品或服务一定有其独到之处。这种心理现象被称为"名人效应"，它利用了人们的一种心理倾向，即倾向于认为名人的选择是正确的，进而增加对某个品牌或产品的认同感和信任度。因此，当消费行为与名人的形象相结合时，往往能够吸引更多的消费者。

这种策略不仅限于商业广告，在个人发展和社交网络建设中也同样常见。人们常常通过与有影响力的人建立联系，来扩大自己的影响力和社交圈。这种做法不仅能够帮助个人提升自我价值感，还能够为他们的职业和个人生活带来新的机遇。

在现实中，任何能够提高我们声誉和形象的人、物、事、情，都可以成为我们借光的资源。例如，我们可以邀请名人作为品牌或产品的代言人，利用他们的形象和影响力来吸引更多关注；请明星为自己签名；邀请社会名流为自己题词作画；请著名专家教授为自己的著作写序言；参加名人主办的活动，与名人们建立联系，提高曝光率；引用名人的言论或观点来支持自己的立场或增强说服力；与名人合作开展项目或活动，共同制造话题和关注度；在社交媒体上关注、互动和分享名人的内容，提高自己的曝光度和关注度；等等。

虽然借助名人的光芒可能会被误解为夸大其词或虚张声势，但它确实是一种迅速提高个人知名度和形象的有效方法。毕竟，一个有声望的人即使只是给予你一点肯定，也比一千个普通人的长篇赞美更具有说服力。

借平台之势，放大自身价值

在求职过程中，许多人会将薪资待遇、工作压力以及职业发展机会作为主要考虑因素。如果能找到一个同时对上述三个条件满意的工作，那自然是求之不得的。然而，实际情况往往较为复杂，能够同时满足上述两个条件的工作都已实属不易。

从职业规划的长远角度出发，优先考虑那些能够为个人职业发展提供良好平台的公司或机构显得尤为重要。一个优秀的平台能够提供的不仅仅是眼前的薪资回报，更重要的是，它能为我们带来更多的职业发展机会、人际网络拓展以及个人学习和成长的多种际遇。即便在工作中遇到挑战和困难，这样的平台也能为我们提供必要的支持和保护，让我们在疲惫时得以在这棵大树下稍作休息，积蓄力量继续前行。

我们知道，在海洋中，鲨鱼以凶猛著称，是许多鱼类的威胁。然而，有一种小鱼与鲨鱼和谐共处，成为鲨鱼的亲密伙伴。这种鱼的生存方式就是依附于鲨鱼，鲨鱼到哪儿它就跟到哪儿，与鲨鱼共舞在蔚蓝的海洋中。当鲨鱼猎食时，它就跟着吃一些残羹冷炙，同时，因为它会为鲨鱼驱除身体上的寄生虫，所以鲨鱼不但不反感它，反而十分感激它。由于有鲨鱼的庇护，小鱼的安全有了极大的保障。

讲一个笑话：

在人群中，爱惹是生非的癞头刘二突然跳出来，傲慢地挑衅："谁敢打我？"然而，周围的人对他的行为似乎并不买账。癞头刘二误以为自己无人能敌，不由得沾沾自喜。

就在这时，身材魁梧、气势汹汹的赵四走过来，挥舞着拳头，严厉地说："滚开，要不然我修理你！"癞头刘二立刻收敛起嚣张的态度，意识到自己和赵四之间的实力悬殊。

为了缓和尴尬的气氛，癞头刘二立刻亲近地拍了拍赵四的肩膀，试图套近乎："谁敢动咱们俩？"但是，这次没有人再出来响应他的挑战。

这个故事虽然带有讽刺意味，但它也揭示了癞头刘二擅长迅速寻找靠山以自保的生存策略。虽然这种做法可能有些投机取巧，但对于弱者而言，有时也是为了生存和发展的无奈选择。

正如俗话所说："背靠大树好乘凉。"确实，当一个人有强大的后盾或平台提供支持时，会变得更加自信和坚定。

在个人成长过程中，与强者结盟是一种明智的做法，特别是尚处起步阶段，能力正在积累之时。结盟强者能够让我们接触到他们的优势资源和力量，同时能获得他们的支持与保护。比如，假设你是一位普通的讲师，如果你能加盟行业内某知名平台，这样就可以宣称自己是这家知名平台的培训师，那么你在外界眼中的形象将会瞬间提升。这是因为这样的声明传递了一个清晰的信号：这位讲师具有与高层管理人员交流和合作的经验，并且已经赢得了他们的信赖。这种信任和经验不仅证明了讲师在其专业领域内的实力，也增强了他人对他的尊敬和信任。

显然，一个有影响力的平台对个人的成长和发展起着至关重要的作用。尤其是对于年轻人来说，如果他们能够一开始就加入一个优秀的平台，将有助于他们未来避免许多不必要的弯路和挫折。具体而言，一个优秀的平台通常具有以下三个主要优点。

1. 能提供更好的起点。

一个优秀的平台通常拥有成熟的管理结构和流程。在这样的环境中，不仅能够保证工作的顺畅进行，还能够培养员工良好的工作习惯和思维模式。

平台内的工作流程经过细心规划和优化，确保各项任务能够以高效和有序的方式完成。此外，完善的培训系统有助于新员工迅速适应工作环境，并掌握所需的工作技能。通过这些培训，员工能够深入了解公司的文化、价值观和运营模式，进而更好地融入团队。

2. 能供给丰富的资源。

一个优秀的平台往往拥有丰富的资源和信息优势。对于希望在行业中迅速崛起的个人来说，选择一个好的平台作为起点至关重要。

大型企业平台可以为员工提供实现个人职业目标的广阔舞台。借助平台丰富的资源，个人可以不断提高自己的专业技能。这种不断增强的专业实力，结合资源的最大化利用，能够在职场竞争中形成显著的优势。相反，在资源较少或规模较小的公司中，这样的发展机会会较为有限。

3. 拥有更高的视野。

正如俗语所言"站得高，望得远"。一个优秀的平台能够让在其中的每个人站得更高，看得更远。它不仅提供了一个较高的起点，还聚集了一批杰出的人才。在这样的环境中，有机会结识那些优秀的人才，并向他们学习。只有长期与更有实力的人和更高层次的事务接触，才能不断拓展我们的认知边界，拓宽我们的视野。

一个好的平台就像一个放大器，不仅能够放大一个人的价值，也能放大你的努力和眼界。它又像一台个人成长的加速器，让我们在成长的道路上少走许多弯路。因此，在可能的情况下，我们要尽可能借助那些优质的平台，并利用好它们的优势和资源。

借热点之势，做好形象宣传

在今天这个互联网时代，紧跟热门话题并进行相应的营销和社交活动已成为一种普遍现象。随着社交媒体和搜索引擎的广泛使用，公众更容易关注到正在流行的话题或事件。为了获得更多的点击率、关注度和流量，某些个人或企业会采取“蹭热点”的策略，即通过关联热门话题或事件来提高自身的公众关注度。

所谓“热点”，是指在一定时间内，迅速引起网民广泛关注的某个领域、社会中的人物、物品或事件。通常，热点可以分为两大类：可预见性热点和突发性热点。可预见性热点往往与特定的节日、纪念日、季节性事件或周期性趋势相关，而突发性热点则通常与新闻事件、流行文化现象或意外事件有关。

可预见性热点通常包括国家法定节假日、纪念日、大型赛事活动等，这些节日和活动是可以预测的，因此人们有足够的时间进行准备，如国庆节、圣诞节、“双十一”、奥运会等。突发性热点则是指那些不可预见的活动或事件，如社会事件、娱乐八卦、实时新闻等，这些事件具有不可预测性。

有一次，王先生在微信视频号中发布了一个视频，该视频得到了官方的推流，点赞量超过了10万。平日里，他发布的视频点赞量只有几十，那么这个视频为何如此受欢迎呢？答案是“蹭热点”。在某热点事件发生后，王先生迅速捕捉到了这个话题，并巧妙地采用了“热点 + 个人观点”的策略，将自己的见解与公众的关注点相结合，表达了许多网民的想法。这种共鸣使得观众纷纷点赞、留言、分享，从而使他的视频迅速传播开来。

实际上，在网络世界中，许多知名的 IP（知识产权）都是通过抓住一个又一个的热点话题，不断地吸引流量，进而提高个人品牌的认知度。王先生的案例恰好验证了这一现象。通过精确把握热点话题，结合个人的观点和情感，成功地打造了一个广泛认可的内容品牌。

在平时，为了准确有效地蹭热点，可以遵循以下策略，特别是在把握四个“度”方面。

1. 速度。

在热点事件发生后，迅速做出反应是关键，包括快速识别热点话题的重要性、相关性和潜在的营销价值。一旦确定了热点，应立即开始策划和创作内容，以便在信息传播的黄金时段内占据有利位置。当然，在极短的时间内捕捉、分析和利用热点话题，是一项极具挑战性的任务。

2. 角度。

选择合适的角度来切入热点是非常重要的。这要求内容创作者不仅要对热点事件有深入的理解，还要能够找到与自身品牌或产品相关的切入点。通过独特的视角和独到的见解，可以使内容更具吸引力，从而更好地吸引目标受众。

如何确定切入角度呢？可以从以下几个维度进行考虑。

传播度：选择具有广泛传播潜力的热点，这样品牌或产品就有机会被更多人知晓。

话题度：热点事件必须具有较高的话题性，能够引发公众的关注和讨论。

相关度：品牌或产品与热点的相关度要高，这样才能自然地融入其中，不会显得突兀。

风险度：在选择热点时，还要考虑其可能带来的风险，如负面舆论等。

3. 尺度。

在蹭热点时，内容的尺度是一个需要谨慎处理的问题。随着社交媒体和网络平台的普及，信息传播速度极快，一旦内容发布，就可能迅速扩散，对品牌形象产生深远影响。因此，品牌在创作和发布相关内容时，必须遵守一定的准则，以确保内容的正当性和适宜性。

首先，内容要尊重事实，避免造谣传谣。在热点事件的传播中，真实性和准确性至关重要。应确保所发布的内容基于可靠的信息来源，不歪曲事实，不传播未经证实的消息。对于敏感或有争议的话题，更应谨慎处理，避免误导公众。

其次，在蹭热点时，应考虑到社会价值观和道德标准。内容不应包含任何侮辱、歧视或贬低他人的元素，而应积极传播正能量，促进社会和谐。在处理热点事件时，应秉持公正、客观的态度，避免偏袒任何一方，以免引起公众的反感。

此外，还应避免过度的蹭热点行为。虽然热点事件可以带来短期的关注和流量，但过度追求热点可能会导致负面效果，甚至损害自身形象。应确保参与热点的方式和程度与自身的产品或服务定位和价值观相符，避免给人以炒作的印象。

4. 创新度。

当热点事件发生时，网络上往往会出现众多雷同的内容，这可能会导致用户对相似视频、文案产生厌倦感。因此，在创作与热点相关的文章时，重视创新至关重要，需要用新颖的方法来吸引读者的注意。

例如，当某个事件在网络上迅速走红时，许多自媒体文章可能会集中报道某位关键人物。但如果你能从一个不同的视角出发，探索事件背后的深层含义，你的内容可能会更具有吸引力。

第4计

奇正计

——思维逆转办难事

“奇正计”并非追求奇诡与非常，而是在常规中寻求变化，在变化中把握机遇。在办事过程中，恰当地运用“奇正计”，尝试新的方法和思路，有助于创造更多的机遇和优势，以达到出奇制胜的目的。

奇正之势：出其不意，以奇制胜

《孙子兵法》中说："战势不过奇正，奇正之变，不可胜穷也。"也就是说，带兵打仗，不能遵守固定的套路，要学会以"正"迎敌，以"奇"取胜。孙子认为，奇正相生，如环之无端，孰能穷之？所以，善于出奇制胜的将帅，其战法变化就像天地那样不可穷尽，像江河那样不会枯竭。

在古代战争中，有分兵一说，即分为奇兵和正兵两种。奇兵和正兵两者要配合着使用。两者可以互相转换，变正为奇，变奇为正。

在战斗准备阶段，兵力可分成两部分，使其形成掎角之势，相互策应。在交战过程中，不要倾巢而出，而是留一部分兵力作为预备队，以备不时之需。首先投入战斗的这部分部队称为正兵，而预留的、待命出击的部队则是奇兵。当战局发展到关键时刻，便是奇兵出击之时。这一战术的精髓在于出奇制胜，通过突然而猛烈的攻击，打破敌人的防线，从而取得战斗的胜利。

在历史上，因为不懂得分兵之策而失败的案例比比皆是。例如，前秦皇帝苻坚率领几十万雄师南下，意图征服东晋。然而，在此次征战中前秦未能运用分兵之策，而是将所有军队集结一处，致使部队无法灵活运转，形成有效的攻防体系，使得东晋军队得以趁虚而入，结果被打得措手不及。

当然，历史上也不乏成功的军事案例。公元617年，李渊父子于太原揭竿而起，走上反抗暴君杨广的道路。在霍邑，遭到了隋朝守将宋老生的顽强抵抗。李渊准备用激将法诱使宋老生出城作战，然后与长子李建成率领主力部队在霍邑城东准备迎敌，此为正势。同时，让次子李世民率领偏师部署于霍邑城南，准备随时突袭敌人，为奇势。

如李渊所料，宋老生果真被激怒，指挥守军从东、南两门出击，并亲率主力向李渊父子发起猛攻，李渊佯装打不过，连连向后撤退。宋老生觉得胜利在望，挥军进逼，结果侧翼暴露了出来。埋伏于城南的李世民看到了这个机会，指挥军队突袭。李渊、李建成乘势回军反击，一战而胜。宋老生败在了李渊父子造的奇正之势上。

现实生活中，“奇正之势”的策略可以被广泛应用于各种领域，从商战到理财投资，从体育竞技到武术搏击。其根本逻辑是，要保证我了解对方，同时保证自己不被对方了解，从而在对方无所察觉、放松的时候，见缝插针出奇兵，最后达到出其不意的效果。

在竞技游戏中，你了解了对手的战术和策略后，可以故意制造出一种假象，让对方以为你会按照他们的预期行动，然后在关键时刻，采取完全不同的策略，让对手措手不及。

在武术搏击中，你通过观察对手的动作和习惯，可以预测他们的下一步动作，并提前做好准备。这样，在对手还习惯按照套路进行时，你已经从中找到了机会，并在合适的时机给予对方致命一击。

在理财投资中，你通过对市场的深入了解，预测了市场的走势，并提前布局。这样，在大多数人还在迷茫和犹豫的时候，你已经抓住了机会，获得丰厚的回报。

在商业谈判中，出其不意的策略有助于以更小的代价达成谈判目标。例如，在谈判中故意泄露一些假信息或制造一些假象，使对方产生误判或恐慌，然后己方看准时机选取对方疏忽之处或薄弱之处出击，进而在谈判中获得有利的地位和条件。

要想把事情办成功、办漂亮，不可毫无计划地鲁莽行事，而要在充分准备的基础上，跳出思维的框架，勇于尝试新的方法和思路，这样才能达到出奇制胜的效果。

破局思维：破局者存，掌局者赢

常听到一个词，叫“破局”。所谓破局，就是将自己从困局中解脱出来。唯有那些跳出既定的思维框架，不拘泥于传统观念和方法的人，才能在迷雾中寻得正确的路径，最终高效地解决问题。这样的人往往拥有较强的破局思维。

其中的“局”，可以理解为身边各种资源之间相互关联和相互作用的状态与关系。它就像一张网，把所有参与者，包括我们都网罗其中，大家利益均沾，风险共担。人一旦敢于破局，思维的牢笼就会被打开。

为了更形象地理解这种思维，下面让我们来看一组等式：

1+1=1；1+2=1；3+4=1；8+4=1；12+12=1

显然，这组等式存在逻辑上的不一致性，在常规算术中是不成立的。但是，如果我们在具体的数字后面加上单位，则会变成以下等式：

1 斤 +1 斤 =1 公斤；1 个月 +2 个月 =1 个季度；3 天 +4 天 =1 周；8 个月 +4 个月 =1 年；12 小时 +12 小时 =1 天。

这时，这组等式就是完全成立的。这体现了一种破局思维。

很多年前，财经作家吴晓波与央视携手，计划拍摄一部名叫《激荡三十年》的纪录片。面对仅有四个月的紧张时间，央视派出了当时还在经济频道担任制片人的罗振宇担任策划。

当时，团队要对《激荡三十年》中的 30 位人物进行采访，然而，他们很快发现根本约不到几个人。整个团队士气低落。这时，罗振宇提出一个观点："我们为何只采访当事人？旁观者的视角同样重要。"他建议不邀请书中的当事人，而专注于进行外围采访。例如，对于张瑞敏砸冰箱的事件，可以不直接采访张瑞敏本人，而是找到了报道这一事件的第一位记者。

之后，团队立即开始行动。在两个多月的时间里，他们成功地找到了 300 多个与当事人相关的人物，并进行了集中式的访谈。

令人惊讶的是，在《激荡三十年》中，虽然没有出现一位书中的知名人物，但是却受到了广泛的好评，并获得了该年度的几乎所有纪录片大奖。这也证明了罗振宇当时的策略是正确的。

那些能够成功解决问题、成就大事的人，往往具备出色的破局思维。那么，他们是如何打破现有的僵局、开拓新的思路呢？大概可以归纳为以下几点。

1. 正确地界定问题。

要破局，先破题，先把问题搞清楚，而不是急匆匆地寻找解决方案。如果方向错误，那么所有的努力都可能是徒劳的。只有明确了问题的性质，才能找到破局的切入点。问题本身往往就是答案的关键线索，抓住了问题，就等于找到了通向答案的指引。

2. 分解复杂的事情。

分解复杂的事情是一种有效地解决问题和管理任务的方法。以下是一些步骤和技巧。首先，明确目标：确定你要解决的问题或完成的任务的目标。其次，列出任务清单：将目标分解成具体的任务或子问题。再次，分类和组织：根据任务的性质、优先级或逻辑关系，对任务清单进行分类和组织。这有助于更好地理解任务之间的依赖关系和顺序。最后，进一步分解任务：对于每个任务，进一步分解为更小的子任务或步骤。

通过这种方式，可以将复杂的事情分解为可管理、可控制的部分，逐步解决每个子问题，最终实现整体目标。分解复杂的事情可以提高效率、减少压力，并使任务更易于掌控。

3. 进行系统化和关联性思考。

人的认知能力是有局限的，我们总会遇到一些超出自己认知范围的事情。然而，那些能够成就大事的人，却擅长进行系统和关联性思考。他们能够将已知的经验与未知的事情相互联系起来，通过深入分析和推理，尽量做出准确的判断。这就像推理小说中的侦探一样，通过一些看似微不足道的蛛丝马迹，逐渐揭开案件的真相。这种系统性和关联性思考的能力，使得他们能够在面对复杂问题时，迅速找到关键所在，并做出明智的决策。

4. 打破“穷忙乱”的负循环。

能办大事的人，在遇到问题时，不会选择停滞不前，更不会让自己陷入忙碌却没有收获的恶性循环中；相反，他们会主动学习、不断进取，持续提高自己的能力和素质，以避免陷入这种负面循环。

5. 拥有“时间思维”。

在破解困局过程中，将时间维度纳入考虑范围是至关重要的一点。当你学习一项技能时，可以先为自己制定一个长期的目标，并将其逐步拆解为具体的小目标，通过持之以恒的精进来达成。如果你正在选择一份工作，应该更多地关注公司的发展潜力，而非仅仅局限于眼前的薪资待遇。倘若你要进行一项投资，不妨从更为长远的周期来权衡投资的回报和收益。

唯有具备时间思维，从更为长远的时间跨度来审视不同的选择，方能做出更加明智的决策，为自己赋予更多的信心和动力。

6. 提升认知水平。

认知水平低的人，其脑海中的构念往往比较单一，因此做出的决策也相对狭窄。而认知水平高的人，脑海中的构念则更为多元，因此决策更加灵活。如果你发现自己总是在周而复始地遇到相同的问题，那么就需要提升自己的思维层次。

从低层次的思维模式逐步向上探究高层次的思维模式，这种升维的过程往往能够揭示问题的关键和事物的本质。当拥有了能够直接抓住事物本质的“高层次眼光”时，也就具备了降维打击的能力。因此，在解决复杂问题时，首先需要将自己的思维提升一个层次，从高层次的思维角度去观察和处理事情。

有句话说得好，“人生如棋，识局者生，破局者存，掌局者赢”。人生就是一场永无止境的破局之旅。破局的次数和深度，决定了我们的成就与高度。从现在起，如果踏上思维的升级之旅，勇敢地拓展自我边界，那办事过程中就会少许多能困住你的局。

逆向思维：事情难办，就倒过来想

在现实生活中，我们经常会遇到一种现象：许多人只关注自己的利益，而忽略了别人的感受。他们做事以自我为中心，不惜伤害他人的权益，似乎认为这是理所当然的。

这样的人，其人生当然会处处是障碍。为什么？因为他们既不懂得换位思考，也不用逆向思维去说话办事，更不用说钳制他人了。善于运用逆向思维，能够帮助我们从不同的角度审视问题，并找到更高效、便捷的解决方法。

比如，一位顾客到一家快餐店就餐，人比较多，点的馄饨一直没有端上来，他便问服务员："我的馄饨下锅了没有？如果没有下锅就不要了。"

服务员说："已经下锅了，马上就好。"

于是他继续等。

下次，他再到这家快餐店就餐，发现上菜还是比较慢，于是催问服务员："我的鱼香肉丝盖饭好了没？如果没有好就换成虾仁炒饭。"

服务员说："还没下锅，这就给您换。"

他说："算了，都不要了，反正都还没下锅。"

再来看个例子。

一位女士在深夜前往 ATM 机存款，正好机器出了故障，把她的 2

万元现金吞掉了。她立即联系了银行，但被告知需要等到天亮才能处理。面对这种情况，她机智地运用了逆向思维——拨打银行的客服电话，谎称 ATM 机多吐出了 5000 元。这个策略果然奏效，几分钟后，维修人员就匆匆赶到了现场。

从上述两个案例中可以看出，换个角度思考，一些所谓的问题，其实根本算不上是问题。许多时候，同样一件事，善于运用逆向思维的人，其办事更灵活，效率更高。

那么在办事过程中如何运用逆向思维呢？关键是把握好四个“逆向”。

1. 心理逆向。

心理逆向是指在思考问题的过程中，摒弃自身局限，先探究对方的思想，然后逆着对方的思路而行。这里的“逆向”，不是指换位，而是指反其道而行。

生活中，大家普遍存在这样一种心理：房价上涨的时候，都着急疯狂买房；股票上涨的时候，都会投身股市；越是便宜的东西，越觉得没有价值；某种商品越是供不应求，购买的欲望越强烈……针对人们的这种心理，在很多事情上，可以使用逆向心理法。例如，一些成功的老板非常善于利用员工的逆向心理来激励员工。

2. 方法逆向。

方法逆向法是生活、工作、学习中较常见，却又容易被我们忽视的一种逆向思维方法。与常规的思维方法不同，该方法需要先找出问题，再从问题向已知条件推导，进而找到解决问题的办法。

先来看一个故事。

有一个工人要为财主干 7 天活，报酬是一块金条。工人有一个要求：每天干完活必须结账。而财主只愿意付当天的报酬，不愿意预付。如果只能在金条上切两刀，且金条不能削，不能磨粉，请问财主该怎么做？

看到这个问题，多数人会想到：在一块金条上切两刀，无论如何也不会平均分成7份。如果循着这个思路，会发现问题无解。如果逆转一下思维，做这样的思考：把金条切成三份，分别为1/7、2/7和4/7，然后进行组合。

比如，第一天可以给工人1/7；第二天给2/7，让工人找回1/7；第三天再给1/7；第四天给工人4/7的那块，让工人找回1/7和2/7两块；第五天再给1/7；第六天和第二天一样，给2/7，让工人找回1/7；第7天给找回的那个1/7。至此，问题完美解决。

3. 目标逆向。

目标逆向也叫目标倒推法，是一种重要的逆向思维方法。它是指从已知事物的相反方向进行思考，进而产生构思的方法。运用这种逆向思维方法，我们可以从结果、目标导向出发去倒推过程，然后在过程中推导出结果。也就是说，首先要确定或设定一个可以达到的目标，其次从目标倒过来往回想，直至现在所处的位置，就能获得前进的路线图。

4. 缺点逆用。

中国有句古话："有则改之，无则加勉。"就是说，当一个人有了缺点和错误时，一定要想办法改正。即使没有缺点和错误，也要不断地警醒自己，不要犯同样的错误。所以，人们对"缺点"总是会给出负面的评价。

缺点逆用，就是将缺点当作优点来用，或者把缺点转化为优点的思维方法。运用这种方法，需要反向思考问题，从常规中发现反常，进而变害为利。

很多人拍过集体合影照。拍照的时候，摄影师经常会说："注意了，听我喊一二三。"结果，"三"刚喊出口，有的人眼睛就会不由自主地眨一下，结果便拍成了“瞎子”。有些摄影师就想了：能不能先让对方闭上眼睛，等自己喊完“三、二、一”后，让对方再睁开眼呢？结果证明，这个方法非常有效。

一个人敢于“反其道而行之”，让思维向对立面发展是非常难的。大多数人会沉迷于自己的惯性思维中不能自拔，甚至有人一旦破坏他的固有思维就会惹得他暴跳如雷。其实，遇到事情不要想太多，越是复杂的事情越要简单做。当一些事情怎么想都想不通时，不妨学会放下，让自己冷静点，换个角度去想一下，反而会想到好办法。

变通思维：追随不变，以不变应万变

古希腊哲学家赫拉克利特曾经提醒我们“万物流转”，意味着世界上的所有事物都在不断变化中，唯一不变的就是变化本身。这个道理告诉我们，每个人都在追求变化，但变化并非轻易可得。有些变化是悄然发生的，不容易被察觉；即便你天赋异禀，洞察力过人，能察觉到变化，也可能因为变化太快而无法跟上。

那么，面对这样的情况，我们该怎么办呢？难道只能眼睁睁地看着变化来临而无动于衷吗？当然不是！我们可以转变思维，去追寻那些在变化中保持不变的东西。

这就好比在茫茫大海中航行，虽然波涛汹涌，但我们可以依靠罗盘，追寻那永恒的北极星。在变幻莫测的世界中，我们可以寻找那些不变的原则和真理，作为我们行动的指南。

例如，在职场中，虽然行业和技术在不断变化，但那些关于团队协作、诚信待人、持续学习的原则始终不变。在个人成长的道路上，虽然环境在变，但坚持自我提升、不断学习新知、保持乐观积极的心态这些真理，始终是我们成功的基石。

亚马逊创始人贝索斯就善于在变化中寻找不变，他曾提出一个问题：“在未来十年变化中，有什么是不变的？”后来，他找到了三件很普通却不会改变的东西，那就是无限选择、最低价格、快速配送。贝索斯在找到这三件不变的事物后，毫不犹豫地将亚马逊的主要资源都用在它们上面，最后取得了有目共睹的成功。

变的是技术和市场，不变的是贴心的服务；变的是满足需求的形式，不变的是核心的需求。由此可见，一切“变化”都来自“不变”，是为“不变”服务的，而“不变”才是“变化”背后永恒的东西。在洞悉了这些底层逻辑后，很多事情，我们就知道该怎么办了。

一家鲜花速递公司，在激烈的市场竞争中受到了很大冲击。它的竞争对手为了满足顾客的要求，将大部分精力和资金用在了购置新品种和新包装上。与竞争对手不同，这家公司虽然也在新品种购置和产品包装上下了功夫，但远不及竞争对手所付出的。竞争的结果出人意料，在几番博弈后，这家公司竟然完胜竞争对手。

实际上这家公司获胜的原因很简单，那就是他们把大部分时间、精力及资金用在了完善供应链上，有效地提高了供货能力。对于一家鲜花速递公司来说，似乎没有比将顾客预订的鲜花及时完好地交付到顾客手中更受顾客的欢迎了。没有完善的供应链作为保证，再新鲜的花送达顾客手中也会不“鲜”了。而这就是变化中的“不变”。这家公司就是因为在变化中坚持追随“不变”，才使其成功击败对手，占据优势地位。

兵法讲究奇正，奇就是采取与敌人或竞争对手不同的策略和战术，以达到出奇制胜的目的。它能够提醒和帮助我们在激烈的博弈中，寻找突破口，通过创新和出人意料的举措占据优势，获得成功。要想达到这个目的，需要我们适时变通思维，升级认知，在变化中追随不变，用不变赢得未来。

以迂为直：避开直接对抗的风险

在《孙子兵法·军争篇》中，孙子提出了一个实用的观点："以迂为直。"意思是说，有时候走弯路反而比走直路更快捷。在历史的长河中，许多聪明的策略家就运用了这个原理。他们知道，如果你想让对手往东，那么先让他们往西，这样绕个弯反而能更快地达到目标。这种策略看起来可能有点绕弯，但实际上往往是最直接的路径。

迂回策略在解决问题和求人办事时非常有用。它的核心思想是通过间接的方式来达到目的，避免直接冲突或阻力，从而更有效地实现目标。比如，你在工作中遇到了一个难题，直接解决可能会遇到很大的阻力。这时，你可以尝试绕个弯，从其他角度入手，或许就能找到解决问题的金钥匙。或者你想请求别人的帮助，直接开口可能效果不佳。这时，你可以先帮助对方解决一些问题，然后再提出自己的请求，这样成功的概率就会大大增加。

迂回策略就像是在走迷宫，有时候，看似离目标越来越远，但实际上却是在接近胜利的终点。在这个过程中，我们可能会放弃一些已经获得的东西，但只要不偏离总体方向，最终我们依然能够实现目标。

据《清夜录》记载：

在北宋时期，范仲淹曾担任杭州知府，作为州府的最高长官，他常常是人们寻求帮助的对象。范仲淹以其“先天下之忧而忧”的精神，对于真正有才学且寻求他帮助的人，总是积极地向上推荐。因此，许多人在他的举荐下得到了升迁的机会。

然而，有一个叫苏麟的巡检官，虽然怀有远大志向，但因为工作地点远离州府中心，一直没有机会与范仲淹相见，更别提得到他的赏识和提拔了。

终于，有一次，苏麟因公事得以与范仲淹有所接触。

苏麟抓住这个千载难逢的机会，给范仲淹写了一首诗：近水楼台先得月，向阳花木易为春。意思是，靠近水的楼台，能先看到月亮的倒影；面对阳光的花木，更容易在春天开花。它的寓意是，自己虽然有才华和抱负，但因为远离范仲淹，没有得到他的推荐和提拔。

范仲淹读了这首诗后，立刻明白了苏麟的意图，觉得苏麟很有才智。在了解了苏麟的品德和能力后，为他谋取了一个更合适的官职。

在这个故事中，苏麟没有直接向范仲淹求助，而是通过一首诗表达了自己的愿望，并最终达到了目的。这种聪明而含蓄的求助方式，是非常高明的。

在办事过程中，我们总会遇到一些看似无解的难题和强硬的对手，它们就像路上的“拦路虎”，挡在我们前进的道路上。如果我们硬碰硬，结果可能就像鸡蛋碰石头，受伤的只能是自己。这时，我们不妨换个思路，采取一种迂回的策略。

不厚不黑，顺应“隐性法则”

绝大多数组织机构制定了明确的规章制度，用以指导内部人员应当干什么，不应该干什么。除了这些成文的规定，还往往有一套隐性的法则，即所谓的“潜规则”。这套隐形法则在私下里影响着人们的行为，规定着什么做法是恰当的、什么做法是应避免的。它们是一些非正式的、难以明言却心照不宣的规则。对隐形规则的取与舍，在一定程度上决定着一个人办事的顺畅与否。

有的人对这些规则视而不见，甚至带有轻视的态度，但当涉及评秀或职位变动时，他们才意识到按“规则”办事的重要性。而另一些人则能够遵循这些规则，办了自己想办的事情。

所以，求人办事不能一味请吃、请喝、送礼，还要懂得办事的普遍规则，以及隐藏在这些规则之下的“潜规则”。当然，这里说的“潜规则”不是指违反道德，或是打法律擦边球的令人不齿的投机行为，而是约定俗成的行为准则、人情世故。

事实证明，在办事过程中，娴熟地运用一些潜规则，会极大地降低办事难度。

下面分享四条办事的隐性法则，早知道早受益。

1. 求人办事，要懂得客套。

那些曾经求助于他人的人可能都有类似的经历：当去拜访他人时，

对方热情地欢迎你，并礼貌地请你入座。此时，你通常不会立即切入主题，而是会先进行一番寒暄。等到气氛变得融洽后，再提出自己的请求。

可以说，寒暄是求助于他人时不可或缺的一种社交礼仪，是最基本的风度。切勿轻视或省略这一环节。如果你过于直接，一开始就透露自己的目的，对方可能会感到唐突，难以适应。

在寻求他人协助或响应他人求助时，一定要注意态度。良好的态度能够奠定相互理解的基础。以事前的态度为例，有的人可能会以命令式的口吻要求别人："老李，我有个文件急着要用，你这就帮我复印一下。"这种直接的方式容易引起反感。相反，如果能够以谦逊的口吻提出请求："老李，你现在方便吗？我亟须打印一份文件，但手头上的事情又很多，能否帮我一下？非常感谢。"对于重要的事情，甚至可以加上一句："下午我请你吃饭。"这样的表达方式更容易让人接受。

2. 让人帮忙，态度要谦恭。

你是否曾遇到这样的情况？某人走到你面前，随意地说："哦，你是做设计的，能帮我做个海报吗？"或者："嘿，你能帮我做个东西吗？对于你来说轻而易举，不过是几分钟的事。"我们周围确实存在这样的人。他们似乎认为，因为你是设计师，所以对于你来说，设计工作就是一件简单、迅速就能完成的小事。

这种态度揭示了一种常见的误解，即认为专业人员的技能和努力可以轻易地、无偿地被利用。然而，每一个专业人士都知道，即使是最简单的任务，也需要付出时间、精力。这样的请求忽视了设计师的专业性和他们对工作的投入。

同事、朋友之间本来帮忙也是可以的，但是帮忙是相互的。身为求助者，一定要避免把自己置于支配地位。他人并没有义务响应你的请求，是否伸出援手完全取决于他们的意愿。人们往往乐于听到赞誉之词，因此在求助时，态度不宜高傲。适当地降低姿态，用诚挚的语言表达对对方的尊敬和感激，能够让对方感受到你的敬意。

3. 理解他人，要换位思考。

换位思考，即设身处地地从他人的角度出发考虑问题，是一种被广泛认同的处世哲学。尽管有些人很早就认识到这种思维方式的重要性，但往往在面临实际问题时，却会忘记这一原则，导致事情无法取得进展，甚至出现倒退。

比如，有的人习惯下午五点左右，即快要下班时去找领导汇报工作。换位思考一下，如果你是领导，忙了一天，正打算下班后去健身，或者去会见朋友、看看老人，这时下属来汇报工作了，你会有心思认真倾听吗？

不论在什么场合，换位思考都非常重要，不仅可以让你更好地理解他人，减少冲突与误解，还能提高沟通、办事的效率。

4. 把事办好，人情互换。

有句话叫“投我以木桃，报之以琼瑶”，它揭示了人际交往中的互惠原则。我们帮助别人，往往期待着将来能得到回报。如果感觉自己的付出没有得到回报，可能就会影响我们再次提供帮助的意愿。

求人办事本质上是一种互惠互利的过程。在打算请求他人协助之前，最好先考虑你能为对方提供什么帮助或价值，以及将来如何回报对方。这样，在互惠互利的基础上，你求助的成功率会更高。如果你毫无准备地去请求帮助，可能会吃闭门羹，从而感到尴尬和失望。

不论是哪条“潜规则”，都基于人际交往中的基本原理，即人们通常更愿意帮助那些能给他们带来利益或价值的人。因此，在表达自己的需求时，也要考虑如何建立一种互利共赢的关系。这种策略不仅能提高你求助的成功率，还能帮助你构建一个更稳固的人际网络。

记住，人际交往是双向的，只有双方都能从中受益，关系才能长久。

适当示形，树立好形象

《孙子兵法》中说："善动敌者，形之，敌必从之。"意思是说，擅长调动敌人的人，向敌人展示一种情况或假象，敌人就会根据这种情况或假象来行动，而这样的行动往往正中调动者下怀。

这里的"形之"可以理解为通过各种手段，包括实际的军事行动或者故意泄露的信息等，来制造一种局面或假象，使得敌人对局势产生误判，进而按照调动者的意图行动。这是战争中常见的一种心理战术，通过假象误导敌人，使其做出有利于调动者的行为。

从广泛的角度来看，这种策略不仅在军事上有着广泛的应用，在日常生活和商业竞争中也常常被采用。比如，在商业谈判中，通过透露某些信息来引导对方做出某种决策；在市场营销中，通过广告宣传来塑造消费者对产品的认知；等等。

设想一下，如果你是一家工厂的老板，这段时间正在为你的企业挑选新的供应商。在对两家潜在供应商进行了实地考察之后，你发现第一家工厂的规模较小，只有寥寥数名员工，工厂面积也只有 100 平方米，而其老板的交通工具只是一辆简单的电动三轮车。相比之下，第二家供应商则规模宏大，拥有几百名员工和上万平方米的现代化厂房。

在这种情况下，你可能会倾向于选择第二家供应商。原因很简单，因为第二家供应商通过其外在的"形"展示了其实力和规模，让人产生了更多的信任和安全感。在选择合作伙伴时，人们自然希望对方实力强大，显然，第二家供应商的“形”反映了它的实力。

实际上这个决策过程就是受到了“形之，敌必从之”战略的影响。通过有效地展示自己的优势，第二家供应商成功影响了你的判断和选择，使你倾向于选择其作为合作伙伴。

由此可见，“示形”是一种有效的造势策略。在求人办事时，如何正确“示形”，以达到提高办事效率的目的呢？需要着重把握好以下几个方面。

1. 注重形象。

在心理学中，有一个概念叫“首因效应”，是指人们在接收新信息时，会受到之前接触到的信息的潜在影响。在社交场合，一个人的着装、气质等外在形象就是“首因”，会影响他人对这个人的第一印象。

之所以穿着合适、言谈得体的人给人的印象好，是因为他外在的“形”传递给人这样一种印象：“这是一个重要的人物——聪明、成功、可靠，有见识，值得尊敬、仰慕、信赖。”相反，穿着不好的人往往给人以不佳的印象。这就提醒我们，有必要注重自己的形象，在与人交往时，力争给人留下良好的第一印象。

2. 注重细节。

在处理各种事务时，注重细节是非常重要的，因为它直接影响着他人对你的评价。反思一下，你是否存在以下问题：工作桌上杂乱无章；经常性迟到；不珍惜时间；在他人发言时查看手机；对收到的信息不是立即回复；工作态度散漫，为未能完成的任务找借口；等等。

尽管许多人在多个领域有出色的能力，但由于忽视了工作中的细节，因此常常给人留下不稳重、不踏实，或“办事不牢靠”的印象。

3. 坚定立场。

在警匪片中常有这样的镜头：两群人起了矛盾，一方上来就凶神恶煞地瞪着眼说："回去告诉你们老大，这是我霸天龙的地盘！"这话一出口，对方通常在心里掂量一下，不敢贸然行事，就因为对方唬人的架势。如果用斯文、讲理的语气好声劝说，对方马上就知道你是个软蛋，自然也就不在乎你了。

在适当的时候展现坚定和果断，是建立权威和威慑力的重要方式。在某些场合，柔和的态度可能不足以解决问题，反而会让人误解你软弱可欺。然而，我们应当从积极的角度理解这一现象，即在保持自身安全和尊严的前提下，如何以智慧和策略应对挑战。

在面对挑战或冲突时，适时展现出自信和决心，有助于对方认识到你的底线，进而谨慎行事。这并不意味着要采取侵略性或恶霸式的行为，而是要在尊重他人的同时，坚定地维护自己的立场。通过平和但坚定的沟通，表达自己的观点和需求，同时避免不必要的冲突。

除了上述提到的几点，还有其他方面的"示形"，如驾驶的车辆、结交的朋友、从事的职业、拥有的背景等。这些方面在一定程度上反映了一个人的修养、生活方式、知识水平和家庭环境，以及所处的社交圈。当然，它们并不直接等同于一个人的实际办事能力。

总之，在办事过程中，我们应当适度地展示这些外在特征，借以增强我们给他人的印象，使我们的沟通和合作更加顺畅。

该不偏不倚时，就选择“中庸”

中庸之道是中国传统文化中的重要思想，“中庸”出自《论语·雍也》，是指不偏不倚，凡事调和的处世态度。它主张在处理人际关系和问题时采取适中的方法，以实现和谐、平衡和稳定。

在现实中，中庸之道是办事的一个黄金法则。它提醒我们在处理各种事务时，要寻求平衡与适度，避免走极端。然而，有些人可能误解了“中庸”的含义，认为它等同于“平庸”，既没有进取心，也不愿付出努力，或者认为中庸就是两边讨好、不得罪人，甚至是一种委曲求全、折中调和的态度。

实际上，中庸之道并非如此。《中庸》第二十章中有一句话：“知、仁、勇，三者，天下之达德也。”意思是说，智勇双全又拥有仁爱之心的人，才有可能到达“中庸”的至德。为什么如此之难？北宋理学奠基人之一程颐说：“不偏之谓中，不易之谓庸。中者，天下之正道；庸者，天下之定理。”

不偏，就是不偏不倚，一点差错都没有，还要无过不及；不易，就是永远不变，遵循正确的、永恒不变的定理。简单来说，“中庸”就是“永远恰到好处地做正确的事”。在行事时，既要保持原则，又要灵活应变，使自己的行为既不过于激进，也不过于保守，始终处于一种和谐的状态。

以开车为例，新手司机往往对自己对车辆的控制感到不自信，因此在驾驶过程中会紧紧握着方向盘，即使是在直道上行驶，也会不停地调整方向，一会儿向左打，一会儿向右打。他们全神贯注，生怕车辆偏离正确的轨道。然而，这种频繁地调整反而会导致车辆行驶不稳定。

与此相反，老司机则显得从容不迫。他们的手仿佛很随意地放在方向盘上，偶尔稍微调整一下，车辆就能平稳地行驶。他们的驾驶技术已经达到了一种出神入化的地步，能够根据路况和车辆的动态，做出最恰当的反应，使车辆始终保持在正确的轨道上。

各行各业都存在类似的现象。无论做什么事，那些经验丰富、技艺高超的人往往能够更加“中庸”地处理事情，而那些缺乏经验的人则可能过于紧张和急躁，导致效果不佳。

那么如何在办事过程中体现中庸之道呢？需要把握好以下三个关键。

1. 看问题不偏激。

培养一种客观和理性的思维方式，不偏激地看待问题。这意味着在面对任何情况时，我们都应该努力保持冷静和客观，避免因个人情感或偏见而做出错误判断。要知道，事物的发展往往遵循对立统一的规律，并且这种对立统一是可以相互转化的。好的事情可能会变成坏的事情，而坏的事情也可能变成好的事情。因此，在处理矛盾时，应该寻找事物中的有益点，不走极端。

2. 解决问题不先入为主。

中庸之道意味着我们要保持开放的心态，倾听不同的声音，权衡各种因素，然后做出最合适的选择。它要求我们在追求目标的同时，也要考虑到他人的感受和利益，寻求共赢的局面。特别是在解决问题时，不能先入为主，即不能主观武断地判断并处理事情。

3. 找出两端的平衡点。

诸多事实告诉我们，过于刚烈或过于软弱都不是恰当的应对方式。

我们需要在这两者之间找到一个合适的平衡点。特别是在处理矛盾时，不能感情用事，而应该冷静地分析问题的两端，找出平衡点。通过找到两端的平衡点，不仅能解决矛盾，还能提升看问题的深度。

总之，中庸是一种办事的智慧和艺术，也是在复杂局面中寻找最佳解决方案的一种手段。它既不一味冒险，也不畏缩不前；既不偏激，也不随波逐流。它是在不同意见和力量之间寻求共识和和谐的一种科学方式。

第 5 计

刚柔计

——软硬皆施办要事

刚如利剑，柔如细水。凡事过柔则易萎靡不振，过刚则易折断。唯有刚柔相济，方能所向披靡，成就大事，此乃兵家之不二法门，更是办事的至上之策。

刚柔相济：刚是原则，柔是方法

诸葛亮在《将苑·将刚》中说："善将者，其刚不可折，其柔不可卷，故以弱制强，以柔制刚。纯柔纯弱，其势必削；纯刚纯强，其势必亡；不柔不刚，合道之常。"核心意思是，良将应该具备这样的性格：刚烈而不固执己见，温和、柔和而不软弱无力，也就是我们所说的要"刚柔相济"。一味柔和、软弱，会让自己的力量被削减，一味刚烈、刚强，又会导致刚愎自用，容易遭受挫折。不柔不刚，刚柔并济才是最佳的状态。

春秋时期，楚成王决定任命子玉为宰相和大将军，这个消息传出后，群臣纷纷向子玉表示祝贺。可是，蔿贾却与众不同，他大声叹气，言辞中显露出对子玉的担忧。

"我看子玉为人，虽然勇于承担责任，却缺乏决断的智慧。他能勇往直前，却不懂得适时退后。他是个可以辅佐他人成就大事的人，但不能单独担当重任。如果将军政大权交给他，必然导致失败。俗话说'太刚则折'，子玉正是如此！如果任用他一人而使国家败亡，我们又何必祝贺呢？如果他没有败亡，那再祝贺也不迟啊！"

众人对蔿贾的话语不以为然。

楚成王派兵攻打宋国，宋国向晋国求援。晋文公派兵前往救援。

楚成王考虑到晋军的实力，打算收兵回楚，避开晋军的锋芒。然而，子玉自恃才华，一心想要与晋军决一死战。楚成王告诫子玉切勿轻率出战，能和则和，但子玉却一意孤行。

最终，楚军与晋军在城濮进行了一场决战。晋文公展现出高超的军事才能，采取了“退避三舍”的策略，引诱楚军深入埋伏。子玉虽然有所察觉，但不肯见好就收，继续进攻晋军。结果，楚军中了晋军的诈败之计，陷入埋伏，损失惨重。

楚军大败而回。子玉深感愧疚和绝望，自刎而死。

晋楚城濮之战中，楚国战败的原因除了晋国的策略和指挥得当，子玉要负很大的责任。首先，面对强大的晋军，楚王打算见好就收，但子玉坚持与晋军决战，导致君臣意见不一致。其次，在外交上，子玉断然拒绝齐秦两国的调解，导致齐秦和晋国站在了一起。最后，在军事上，子玉一味进攻逞强，缺乏对作战形势的冷静分析，导致轻敌中计失败。正如诸葛亮所说，“纯刚纯强，其势必亡”。

《三国演义》有言：“凡为将者，当以刚柔相济，不可徒恃其勇。”对于带兵打仗来说，刚中有柔、刚柔并济是一种很好的御敌之道、克敌之法。办事也是如此，过刚易折、过柔则靡。一个团队、单位，人员众多，性格迥异，作为领导，如果一味宽厚仁慈，就会难以约束下属，不能形成强大战斗力；如果对人太过严苛，浑身带刺，又显得没有亲和力。

很多人在实际生活中难以精准把握何时应该展现出刚毅的品质，何时应该表现出柔顺的特质，以及如何在这两种性格之间找到平衡点。如果把握不当，常常会导致事与愿违的情况发生。根本原因在于，这些人没有深入理解和掌握刚柔并济的原则。

在应用刚柔并济之策时，要把握好以下几点。

1. 情境分析。

在遇到问题时，首先要分析情境，确定需要刚的一面还是柔的一面。例如，在面对挑战和困难时，刚性的原则和坚定的态度可能是必要的；而在需要合作和协调的时候，柔性的沟通和适应性可能更为重要。

2. 情绪管理。

学会控制情绪，不让情绪主导行为。在愤怒或激动时，退一步思考，避免冲动行事，这是柔的一面；而在需要激励自己或他人时，展现自信和决心，这是刚的一面。

3. 沟通与倾听。

在与人交流时，既要表达自己的观点和需求，也要倾听对方的意见和感受。既要坚定自己的立场，也要尊重他人的观点。要求平衡好刚与柔。

4. 持续学习。

刚柔并济是一种需要终身学习的技能。通过阅读、课程、研讨会以及实践等方式，不断学习和提高自己在这方面的能力。

另外，还可以通过反思和评估自己的行为和决策，不断总结经验和教训，进一步提高刚柔并济的能力。在这个过程中，要保持开放和谦逊的心态，愿意接受新的观点和挑战，不断地调整和完善自己的行为和策略。

原则之外，以柔克刚

在快节奏的社会中，我们经常需要通过竞争来获得自己想要的东西。有时候，我们可能会与人硬碰硬。做人也好，做事也罢，硬碰硬是一种下下策，是一种不得已的手段。

牙齿，作为我们身体中最为坚硬的器官，常常被用来象征坚韧和不屈。但是，如果我们一味利用牙齿去硬碰硬，最终可能会导致牙齿损伤或脱落。相反，舌头虽然不如牙齿坚硬，却因其柔软的特性，能够在牙齿之间灵活移动，而不会受到伤害。这说明“柔”是一种有效保护自身的手段，甚至可以成为一种进攻型“武器”。

中国传统的太极拳艺术，是以柔克刚理念的最佳体现。它强调利用柔软的力量化解强大的冲击。在太极拳的理念中，直来直去的蛮力并不可怕，灵活的力量可以将之轻松消解。

老子说：“天下之至柔，驰骋天下之至坚。”这句话表达了一个深刻的哲学观点，即柔软的力量往往能够克服坚硬的力量。这里的“柔”并非指弱小或无力，而是指一种顺应自然、灵活变通的态度和能力。老子认为，真正的力量不在于硬碰硬，而在于能够适应和化解。

所以，在办事过程中，要懂得利用自己的优势，以柔韧的姿态应对困难和挑战，遇事不必硬碰硬，该柔时则柔。

有一次，著名教育家陶行知在校园里看到男生李新用泥块砸同学，他立即上前制止，并严厉斥责了李新的行为，要求他放学后到自己的办公室来一趟。

放学后，李新来到校长室，等着陶行知训斥。陶行知并没有训斥他，而是微笑着从兜里掏出一颗糖递给李新，说：“这是奖给你的，因为你按时来到这里，我却迟到了。”李新惊疑地接过糖果，不明白陶行知的意图。

接着，陶行知又掏出第二颗糖果递给他：“这也是奖给你的。因为当我不让你再打人时，你立即住手了，说明你尊重我，应该奖励你。”李新愈加困惑，他瞪大了眼睛看着陶行知。

随后，陶行知又掏出第三颗糖果放在李新的手里，说：“我调查过了，你用泥块砸那些男生是因为他们不遵守游戏规则欺负女生。你砸他们说明你正直、善良且有与坏人作斗争的勇气，应该奖励你。”李新感动得眼泪都快掉下来了。

最后，他流着泪说：“陶校长，你打我两下吧！我错了。我砸的不是坏人，而是自己的同学呀！”陶行知听后，微笑着拍了拍他的肩膀说：“知错能改就是好学生。”说完，又奖给他一颗糖。

硬碰硬绝不是解决问题的良方，不但于事无补，还可能让事情变得更糟。通过种种“怀柔”手段，巧妙迂回，反而会让事情更顺利。

通常，没有强硬的手段便没有权威，但是只有霹雳手段而缺乏“菩萨心肠”，也不会让人心服口服，只能算是被压服。那么，如何把握刚、柔之间的界限呢？

1. 在原则性问题上坚持立场。

在人际交往和处世哲学中，保持原则和底线是至关重要的。我们应当坚持那些符合事理、有益于他人和社会的行为准则，对于那些违背常理、损害他人利益或公共利益的行为，必须坚决抵制。同时，我们也要尊重他人的原则和底线，以建立和谐稳定的人际关系。

2. 在原则之外，学会以柔克刚。

真正的强大在于能够灵活应对，知变通，能够在适当的时候展现出柔韧的一面。在遇到非原则性的问题时，应当善于通过耐心引导和和缓的沟通方式与他人交流，以赢得他人的理解和认同。这种处理人际关系的能力是一种重要的软实力。如果过于棱角分明，即使内心善良，也可能难以与他人建立和谐的人际关系。

在现实生活中，要想提高自己办事的能力水平，一定要学会运用"柔术"。做人做事不能仅依靠硬碰硬的方式，而是应从更广阔的视角出发，运用智慧和策略来应对各种情况。

硬话软说，实现有效沟通

在生活中，为何那些办事高手的言辞往往能够深入人心？因为他们懂得如何以柔和的姿态与人交流，让人感到愉悦和欢喜。那种不带有压迫感的非命令式的语气，使人如沐春风。反之，有些人之所以说话不讨喜，往往是因为他们的语气过于强硬，直来直去，缺乏适当的缓和与细腻。

擅长以“温柔”方式说话的人，能够以各种不同的方式表达相同的意思，使得他们的观点和建议更容易被他人接受，从而实现真正有效的沟通。他们的语言不仅仅是信息的传递，更是一种情感的交流、一种艺术的展现。

2022 年，一段国家医保局谈判代表张劲妮与药企代表的谈判视频刷爆了朋友圈。在这场被誉为“灵魂砍价”的谈判中，张劲妮语气温柔，态度坚定，经过长达一个半小时的谈判，共进行了 8 轮“砍价”。

张劲妮在谈判过程中展现了卓越的沟通技巧和谈判能力。她用温和的措辞揭穿了企业常规策略的套路，并表达了她对药企能够表现出的最大诚意。她明确传达了立场：“我们的目标是一致的，我们也不希望套路。”同时，她也向药企代表明确了谈判组对价格调整的底线：零空间。

在谈判中，药企代表屡次离席，不断调整报价，试图找到一个可以接受的价格点。然而，张劲妮始终保持冷静和坚定的态度，并一直追问："你们是否已经尽到了最大的努力？""你们确认已经尽力了吗？""希望你们能再努力一次……"

在经历了艰苦的谈判过程后，将一款罕见病特效药的价格从原来的每瓶53680元降至33000元。这一成果展示了张劲妮高超的谈判技巧，不温不火却坚定异常。

真正厉害的人，大都说话如水，水滴石穿，做事如山，又硬又稳。其中，软的是语气，硬的是原则。在处理事务时，如果不善于用柔和的言辞表达，结果往往不尽如人意。看看我们周围，有多少人因为不擅长说"软话"而遭遇失败，这就足以给我们警示。

在办事过程中，该如何硬话软说，把事办牢、办实呢？

1. 措辞要柔。

语言是传递情感的工具。发言之前，我们应该深思熟虑，多做换位思考，即使双方关系很好，也要注意分寸。因为"说者无意，听者有心"，裂痕往往始于不妥的措辞。温暖而体贴的措辞，是建立良好人际关系的重要基石。

曾国藩深谙言语之道。早年间在京城为官时，他因语气傲慢而得罪了不少同僚，也为此吃了不少苦头，给自己的仕途带来了不必要的阻碍。后来他深刻反思，察觉出是自己说话的问题。他常以此告诫后人，发言不可轻率，要三思而后行，多考虑他人的感受。

2. 语气要软。

鬼谷子曾说："口者，心之门户，智谋皆从之出。"语气的力量不容小觑。说话的温柔，在于语气的恰到好处。有时，即便话语中蕴含着善意，如果语气生硬，也可能会让人感到不适。因此，在交流时，我们应该留意语气的运用，使其显得更加柔和、亲切和尊重。

拥有温和语气的人，往往能够更好地掌控沟通的节奏和情感。通过日常的练习和反思，我们可以逐渐学会如何通过语气传达关怀与温暖，而非冷漠与指责。

通过适度的语气调整，我们不仅能够使自己的表达更具说服力，还能够促进对方对我们的观点产生共鸣和理解。温和的语气是一种正能量的传递，它能够帮助我们在沟通中建立起相互尊重和信任的基础，从而使我们的交流更加顺畅和有效。

3. 巧表认同。

人类天生渴望得到他人的认可，当得到他人的肯定和鼓励时，会感到自信和满足，会激发出追求更高目标的勇气；反之，如果经常遭遇否定和批评，会感到沮丧和失望，进而失去自信和动力。

当你发现自己无法认同某人的观点时，可以采取一种巧妙的方式表达“认同”。首先，表达对对方观点的尊重，或者对其部分内容表示赞同。其次，借助与当前情况相似的第三方例子来间接阐述问题，委婉地表达自己的立场和观点。再次，运用实例、数据或事实来支持自己的看法，有助于让对方更容易接受你的观点。最后，沟通结束时，再次总结自己的观点和对方的观点，尽量寻找共同点，求同存异，争取合作成功。

在表达不同意见的同时，要强调自己的诚意和合作意愿，明确指出双方的目的是实现更好的合作和成果。这样的沟通方式不仅能维护良好的人际关系，还能促进双方共同成长和进步。

在现实生活中，再难办的事情，都要心平气和地说；再有把握的事情，也要留三分余地于人于己；再好的感情，说话也要注意分寸。

“黑脸”“红脸”同搭戏

办事时，需要根据不同的情况和环境来调整自己的行为和策略。有时候，我们需要坚持原则，保持坚定立场（即“唱红脸”）；而有时候，为了更大的目标或更长远的考虑，我们可能需要妥协或适应，表现出一定的灵活性（即“唱黑脸”）。至于何时“唱红脸”，何时“唱黑脸”，何时红脸和黑脸同时“唱”则需要依据现实情况而定。

下面总结几条办事高手“变脸”的实操技巧。

1. 一会儿“唱红脸”，一会儿“唱黑脸”。

一会儿“唱红脸”，一会儿“唱黑脸”是一种常见的办事策略，或者是一个人在不同的时刻扮演不同的角色，或者是两个人其中一人“唱红脸”，一人“唱黑脸”。

王平是一家汽车公司的老板，最近想要购买大批汽车配件，他亲自与供货商谈判。王平很强势，一直压着对方谈条件，双方怎么也谈不拢，谈判陷入了僵局。不过，他并没有放弃，而是指派秘书小刘代表他继续谈判。

王平告诉小刘，只要能把价格压低一点就好。没想到，最后小刘竟然把价格压低了近一半，在夸赞之余，王平问小刘是如何做到的。

小刘说：“很简单啊，每次谈判陷入僵局时，我就问他们，是希望和我谈呢，还是希望和老板谈？”这么一说，供货商只好无奈地表示：“算啦算啦，照你的意思办就行了。”

小刘使用了“红黑脸”战术来迫使对方就范。王平“唱黑脸”，让对方很难堪，有种“碰到这样的买家真是倒了霉运”的心理，而小刘则扮演“和平使者”“唱红脸”，让对方有种“总算松了口气”的感觉。显然，“红脸”“黑脸”交替唱，可以让供货商不断降低价格底线。当然，要成功运用这种战术有一个前提，那就是对方特别想与你建立合作关系。

在实际工作中，许多管理者在处理事务时会采用一种策略，即在不同情况下表现出不同的态度和情绪，以保持自己的权威和不可预测性。

例如，在一次会议中，领导者对一位表现优异的员工甲说：“这个月的业绩你做得非常好，公司会额外给你奖励。”甲可能会因此感到高兴和满足。然而，在赞扬之后，领导者可能会转换话题和语气，说：“不过，你工作期间有几次接听私人电话，这是不符合工作规定的。记住这次警告，不要再有下次了。”

2. 在适当时机，化身为“黑脸”。

虽然扮演“黑脸”有时是出于无奈，但如果必须承担起负责者的角色，那就应该像巴顿将军那样，坚定地扮演好一个称职的“黑脸”。“唱黑脸”并不意味着要变成耍心机的人，或者故意去伤害他人，而是要展现出一种必要的威严，并以此作为一种自我保护的方式。虽然“唱黑脸”可能不够光彩，但它所展现出的决断力，使人不敢轻易触犯。

一天，光天化日之下，光武帝刘秀的姐姐湖阳公主的家奴杀了人，随后躲进了公主的府邸。洛阳令董宣得知此事后，带人进府将那名家奴抓获。面对湖阳公主的淫威，董宣没有退缩，反而当着公主的面将那名杀了人的家奴处决。

湖阳公主愤然入宫，请弟弟刘秀惩治董宣的“不敬之罪”。刘秀下令将董宣绑入宫中，欲治罪。董宣毫无惧色，直视刘秀，质问道：“陛下如此包庇亲属的家奴，枉杀无辜的百姓，又将如何治理天下呢？”

刘秀为董宣的刚正所震慑，只好让步。为给姐姐一个交代，刘秀让董宣向公主叩头谢罪。董宣不肯。宦官用力往下按，董宣仍不愿低头，“强项令”由此而得名。

在处理事务时，我们会遇到这样一些人，他们“说一套做一套”。如果你对这些人给予尊重，他们可能不仅不会感激，反而可能变得更加放肆，甚至利用这种尊重来操纵你或使你陷入困境。面对这类情况，必要时要展现出坚定的一面。

3. 适当的时候，扮演和事佬。

与扮演“黑脸”相比，采取温和的方式更有助于解决冲突或处理问题。例如，当你在某个任务上未能达成预期效果，遭到上司严厉批评时，为了平息你的情绪，可能会有人站出来缓和气氛，这个人可能是上司的副手或者与上司关系好的同事。他们从不同的角度为你辩护，强调你是出于对公司利益考虑或是情有可原造成的失误。此时，他们扮演的就是“红脸”角色，充当了和事佬。通常来说，这类人情商比较高，擅长在关键时刻扮演“好人”，且能够准确把握发言的时机和分寸，化解潜在的矛盾。

在坚持原则的问题上，适时地扮演“黑脸”，可以展现你的坚定和果断。然而，并非所有问题都涉及原则问题，在那些不太重要的事情上，则需要变换策略。换言之，要学会在不同的情况下灵活切换角色，既要能展现“红脸”的温暖和包容，也要能展现“黑脸”的坚定和果断。不知变通，一味扮演“红脸”或“黑脸”都是处理事务的大忌。

老实有尺度，善良有底线

善良是基本的道德素养。但是，无条件的善良并不会为你带来好运，反而可能给你带来麻烦。这一点不仅在现实生活中得到了验证，而且得到了心理学理论的支持。

美国社会心理学家哈罗德·西格尔进行了一项名为“改宗的心理学效应”的研究。他发现，当某个问题对于一个人来说非常重要时，如果他能在这个问题上让一个“反对者”改变立场，与他的观点一致，那么他更愿意选择那个“反对者”，而不是一个同意者。

这个心理学效应启示我们：在生活中，那些没有原则、见风使舵的“好好先生”常常被人忽视，甚至遭到轻视，这是因为他们给人一种缺乏能力的印象；相反，那些敢于坚持己见、勇于批评的人，却能更具说服力，更易获得他人的认可。更进一层，为人处世必须明确是非，坚守原则，不能模糊界限，盲目跟从。

鬼谷子曾说：“未见形，圆以道之；既见形，方以事之。”这句话的意思是，当你对某件事情一无所知，或者对他人的话持怀疑态度时，应该采取灵活圆润的处理方式。但是，一旦事情明朗化，对方的言论被证实，就应该采取坚定直接的策略来应对。

在现实中，为什么越是善良的人，越容易受到伤害？究其原因，主要有两点。

首先，社会普遍存在一种认知，即善良的人更容易被欺负。在一个团体或集体中，当需要有人让步或牺牲自己的利益时，善良的人通常首先被想到，并且往往成为大家共识中应该做出牺牲的对象。

其次，善良的人在无意识中给自己设定了一种角色定位，即“我应该退让”。这种心理模式长期存在，导致即使在想要说“不”的时候，他们自己都会感到不适应，甚至内疚。这种自我设定的标签限制了他们的行为选择，使得他们在面对利益冲突时，往往难以坚持自己的立场。

在职场中，我们经常遇到这样一群人：他们勤劳而不抱怨，乐于助人，愿意体谅他人，常被人利用，虽然他们付出了很多，但是得到的回报却很少，在公司中默默无闻。这类人通常被称作“老实人”。

这些“老实人”因为担心与同事发生冲突，所以在别人提出过分要求时，他们往往选择退让和妥协。然而，现实往往不如他们所愿，他们的贡献往往被当作理所当然，甚至有时被完全忽视。

老实、善良是值得称道的品质，但在为人处世过程中，也容易成为一种劣势。为了确保自己的尊严、利益不受侵犯，必要时，老实需要有尺度，善良要带锋芒。

1. 确定自己的底线。

老实、善良不是错，做一个老实、善良的人值得肯定，错的是让自己的善良失了尺度，明知自己正在受到伤害，在退无可退之际，却不懂得为自己挖一条战壕，设置一下底线。

电影《教父》中有这样一句话：“没有边界的心软，只会让对方得寸进尺；毫无原则的仁慈，只会让对方为所欲为。”一个人如果总是迁就别人，那么他就没有原则和底线。做人太软弱了，就容易被别人欺负；而太善良了，就容易被人瞧不起！所以，做人可以老实、可以大度、可以忍让、可以随和，但是要有自己的底线和原则。如果总是迁就别人，那么时间久了，别人就会习惯于你的妥协和忍让，甚至觉得这是理所当然的事，进而变本加厉地欺负你。

确定底线，就是与过去的自己割裂，不一味妥协和忍让。在处理事务和与人交往时，学会适当地坚持自己的原则和立场，勇敢地表达自己的想法和意见。这样，才能更好地保护自己的利益。

2. 懂得巧妙拒绝。

老实人往往不好意思拒绝他人，因此很多事情就自然而然地落在了他们身上。即便他们干得再漂亮，也常常被视为理所当然。

其实，在与人沟通和处理事务时，不应该总是以迎合他人为前提。在适当的时候，应该学会说“不”。但是，拒绝的方式应该巧妙，避免直接和生硬。以下是一些建议。

表现出同理心：在拒绝之前，先表达理解对方的请求或需求的立场，让对方知道你考虑了他们的情况。

说明理由：清晰地解释为什么不能接受请求，这些理由应该是合理和站得住脚的。

设置条件：如果可能，提出一些替代方案或条件，表明你在尽力帮助对方，但也有自己的限制和预期。

例如，如果同事请你帮着完成一个额外的项目，而你不想接受，你可以这样回应：“我完全理解你想要尽快完成这个项目，这对于我来说也很重要，但我目前正忙于其他紧急任务，恐怕我不能答应你的请求。不过，我建议你联系我们的同事张三，他在这方面有很强的专业能力，也许他可以提供帮助。”通过这样的方式，老实人可以在不伤害他人感情的同时，保护自己的时间和资源。

3. 适当展现自己。

低调行事的“老实人”，可以通过以下几种方式来适当展现自己。

首先，在合适的时机展示你的特长，让他人认识到你的价值。这些专长不必与你的日常工作直接相关。平时可以通过参加专业培训、自学或寻求导师的指导来提高某一技能。

其次，在关键时刻要勇于担当。就像好钢要用在刀刃上，在面对挑战或紧急情况时，展现出你的决心和勇气，会给他人留下深刻的印象。

再次，主动向上级汇报工作。不要害怕与领导进行沟通。定期向他们汇报你的工作进度，特别是在重要阶段或解决关键问题的时候。通过这种方式，可以展示你的工作成果和能力，增强你在职场中的影响力。

最后，要积极展现自己的价值和贡献。不要仅仅满足于完成自己的工作任务，还要找机会凸显自己的价值和贡献，来进一步提高在工作中的地位和影响力。

俗话说：“千里马常有，而伯乐不常有。”在职场中，不仅需要有才华和能力，还需要有眼光和机遇。这样，作为老实人，你的努力和才华才能够“被看见”。

4. 告别“行动侏儒”。

为了不再被动地接受不公平的待遇，“老实人”需要从一个被动的“行动侏儒”转变为一个积极的“行动巨人”。在受到伤害后，不能听之任之，也不要像阿 Q 那样通过自我安慰来逃避现实；相反，要痛定思痛，化“自我嘲解”为“积极回应”。

例如，要敢于表达自己的观点；在一些事情上要说到做到；在受到伤害时，要有理有据地反击；在特殊的情况下，还要学会运用法律手段来保护自己；等等。

有一句话是这样说的：“一个不懂得善待自己的人，所表现出来的善良，本质上是界限不清地讨好。”不是你的每次善意都会得到积极的回应，也不是每个人都会同情、理解你的感受，没有原则地老实、毫无底线地宽恕，就是纵容别人对你的“恶”。

所以，老实要有尺度，善良要带有锋芒。就像漂亮的玫瑰，只有长出锋芒毕露的刺，才不会被随意蹂躏。拥有锋芒不是一件难事，更不是一件坏事。至少，它可以成为你坚硬的“铠甲”，让你不再轻易受到伤害。

树不能硬倚，山不能死靠

俗话说“大树底下好乘凉，朝中有人好做官”。这道出了“靠山”的重要性。在办事时，有一个有力的支持者确实能给我们带来更多机会。然而，我们也应该明白，即使有这种支持，也不能过分依赖。

有时，我们会遇到一些“大人物”，他们是否真的如别人所说拥有强大的能量？他们是否总能说到做到？他们是否真的将我们视为兄弟或朋友？一个有效的检验方法是稍微倚靠他们一下，求他们帮一下忙。如果连你的“温柔一靠”，他们都表现出不情愿，那还能指望他们帮你办什么事呢？

因此，在结识所谓的“大人物”时，需要保持警觉和理性，不要轻易相信他们的口头承诺和表面的友好，而是要通过实际的行动和表现来检验他们是否真正值得信赖。只有这样，才能更好地利用与“大人物”的关系，为自己争取更多的机会和资源。

若机遇来临，得以结识一位可信赖的实力派人物，不应强靠、硬靠、死皮赖脸地去靠，而要讲究方法。不妨试用一下下面的方法。

一是“明靠”。

“明靠”，顾名思义，就是光明正大地去倚靠某个有实力的人或势力。对此，双方通常心知肚明，并形成一种公开、透明的“合作”关系。

在人们眼中，有了靠山就有了信心，有了靠山就有了话语权。因此，当别人知道你的靠山时，他们往往会因为忌惮你背后的势力而对你礼让三分。如果你的靠山足够强大，那么无疑是一张无往不利的通行证，让你在许多场合都能畅通无阻。不仅如此，你的靠山还能给你带来光环效应，吸引更多的合作者和资源向你靠拢。

然而，“明靠”也有其局限性。一旦靠山倒下，就会“树倒猢狲散”，而你也会成为容易受到伤害的人。因此，“明靠”需要谨慎选择，并时刻保持警惕，以免陷入被动局面。

二是“暗靠”。

“暗靠”是指在幕后默默地建立合作关系，悄悄寻找靠山。这种合作关系微妙而隐秘，就像一场只有少数人参与的“秘密联盟”。在日常生活中，双方可能并不高调，甚至在外人眼中看起来平凡无奇，但在幕后双方却是紧密合作的伙伴。

“暗靠”通常建立在双方深入了解和高度信任的基础之上。双方心照不宣，默契配合，在许多关键时刻能够迅速达成共识，共同面对挑战。由于这种关系的隐秘性，外界往往难以发现其背后的支持力量，因此也无法轻易利用或破坏这种关系。

“暗靠”的吸引力在于其深远的规划和未来的潜力。通过在人脉上精心布局，可以为未来打下坚实的基础，待时机成熟时便可一举成功。

三是“假靠”。

有一位职业经理人，跟随老板打拼多年。在一次激烈的人事变动中，意外地成为变革的牺牲品，失去了原有的地位和权力。面对未知的未来，他感到了一丝迷茫。出于对他多年忠诚和贡献的认可，老板决定在他新成立的分公司中为他提供一个新的起点，给他安排了一个关键的职位。

这个看似普通的职位调动，实际上蕴含着老板的深谋远虑。当分公司的新任领导者了解到这位新经理是老板的亲信时，立刻改变了对他的态度，表现出敬意和礼貌。其他人也猜测这位经理在总公司的影响力，纷纷与他建立良好的关系。

这位经理敏锐地洞察到了这种微妙的转变，他没有选择揭露背后的真相，而是巧妙地利用这种“假靠”关系来拓展自己的事业。他与其他部门和合作伙伴建立了紧密的联系，并以谦逊的态度和出众的能力赢得了大家的信任和支持，逐渐在事业上绽露出光芒。

在生活中，真伪常常难以辨别。有时，人们可能会误以为你与某位显要人物有关系，而实际上这种关系并不存在。如果你选择不澄清这一误解，那么你可以考虑巧妙地利用这种“假靠”关系来助自己一臂之力，进而开创事业的新局面。

丑话前置：明智地处理事务

《孙子兵法·作战篇》中讲："故不尽知用兵之害者，则不能尽知用兵之利也。"在采取军事行动之前，应当首先考虑战争可能带来的负面影响。只有充分认识到战争的危害，才能采取针对性措施尽量避免这些不利因素，进而充分利用战争可能带来的好处。

这种思考方式体现了"丑话前置"的策略，即在行动之前明确潜在的风险和不利条件，以便采取措施更好地准备和应对。通常情况下，人们在思考问题时，更多地关注于潜在的好处，而较少考虑到可能的风险，或者首先考虑利益，其次才考虑风险。显然，这种做法是不可取的。

什么是丑话？

丑话，顾名思义，是指那些不好听、刺耳，让人不愿意面对的话。然而，这些话通常却是真实、坦诚的，无法被反驳，甚至具有准确的预见性。

尽管丑话听起来有些刺耳，但它确实是一种警醒和警示。与其在日后遭遇更大的问题，不如在萌芽阶段就勇敢面对，及时做出预防。

办事之前，提出可能的不利因素、糟糕的后果以及可能的利益冲突，具有双重积极效果：首先，它提醒各方尽力避免事态恶化到这一地步；其次，万一情况不幸演变至此，也能够有一定的心理准备，一方面可以提高办事成功率，另一方面能有效降低风险。

过度强调人际关系、情感纠葛和面子问题，而忽视实际问题和潜在风险，势必为合作埋下危机。如果关键问题得不到明确交代，即便事情本身简单，也可能变得复杂。因此，涉及各方利益、风险、得失等核心问题，必须提前说明，避免稀里糊涂地陷入困境。

张鸣与卢毅是两个亲密无间的朋友。张鸣创立了一家软件公司，并请卢毅负责公司的技术攻关。卢毅每天夜以继日地写代码，对未来有着美好的憧憬。

因为卢毅非常信任张鸣，所以刚加盟公司，没有和张鸣深入探讨股权与薪酬问题，也没有签订正式的合作协议。他觉得张鸣肯定不会亏待自己，甚至会把自己当作公司合伙人。随着公司发展日益壮大，在准备迈向资本市场时，卢毅才意识到问题的严重性。他试图向张鸣要一些股权，却发现有些无能为力，张鸣告诉他：你只是一个普通的员工，没有任何股权，而且你与公司之间也没有任何书面协议。

卢毅不得不面临一个艰难的选择：要么离开这家自己曾付出无数心血的公司，要么留下，继续拿一份薪水。最终，卢毅选择了离开。卢毅和张鸣之间的友情也因此破裂。

不论在商业合作，还是在日常生活中，很多时候兄弟反目、好友形同陌路，多是由于双方缺少坦率的沟通，在必要的时候没有把“丑话”说在前，让一些原本明朗的事情变得含混不清，进而生出一些难以预料的麻烦。

在办事的视角中，提前说出那些不太中听的实话，既是对客观事实的尊重，也是对自身和他人负责任的态度。在某些情况下，他人可能会做出越过边界的行为，这并不一定是因为他们本质恶劣，而可能是因为你未能明确告知他们你的原则和底线。有些事宜需要预先向对方阐明，如你的原则是什么，哪些事情你能容忍，哪些事情你将会对“侵犯者”采取何种措施。

有一句话是这么说的：“在精诚合作之时，应当事先言明可能的丑话；当分道扬镳之时，应当明确标出各自的价值。只有清晰地理解这些，才能避免不必要的纠缠。”

无论关系多么亲密，都应当相互尊重，明确各自的利害关系。合作越是融洽，越不应忽视契约精神的重要性。只有放下面子，勇于讨论利益问题，才能在办事中保持主动，避免不必要的委屈和将就，也才能实现“你好我好大家好”的良好局面。

第 6 计

虚实计

——合纵连横办愁事

办事时，要根据实际情况巧妙调整策略，不拘泥于一定的形式，可虚、可实，亦可虚实结合，有助于应对复杂的局面，解决棘手的问题。

务实就虚，双重并举

“虚”与“实”是辩证关系，务实是指立足现实，脚踏实地地把工作做好。对于工厂来说，务实就是严选原材料，把好产品质量关，保证每一个出厂的产品都合格；对于学校来说，务实就是以教学工作为核心，因材施教，把每一个孩子教育好。就虚，在这里也可以称为“务虚”，是相对于务实而言的，是指将工作做好的手段，也可以说是一种工作谋略或战略规划，属于一种方法论。

对工作和做事来讲，“务实”和“就虚”是辩证统一的，它们是做好事情的两个方面。“务实”是“就虚”的基础，没有“务实”，“就虚”就会成为无本之木、无源之水，而“就虚”是让“务实”变得有意义的营销手段，缺少这一环节，“务实”意义的实现就会变得困难，这也就是所谓的“以虚带实”。所以，要想将事情做好，“务实”“就虚”必须统一起来。

“出奇制胜”是兵法中的一个重要战略，实现起来难度很大，但是一旦实现，回报也是极高的。在“务实”的基础上，积极开动脑筋，发挥“就虚”的功效，就会实现出奇制胜。

1914 年 8 月 15 日，巴拿马运河正式通航。巴拿马运河打通了大西洋和太平洋的便捷通道，极大地缩短了美国东西海岸间的航程。为了庆祝这“二十世纪最伟大的工程”，美国政府决定于1915年在太平洋东岸的旧金山市举办巴拿马太平洋国际博览会。组委会向各国发去邀请函。当时刚成立两年的中华民国政府也接到了参展邀请函。

当时的民国政府很重视此事，组织成立了“巴拿马赛会事务局”，负责筹办相关事宜。经过层层征集选拔，最后选定了10余万件产品参展。

博览会各国参展商云集，十分热闹。中国展馆也吸引了很多人围观。中国参展的产品以农特产品为主，包括茶叶、刺绣、瓷器、酒类、酱菜、蘑菇、豆制品等；参展的酒类有白酒、黄酒、葡萄酒等品类。与西方国家设计新颖的包装相比，中国的酒类陶罐包装土里土气，似乎是前朝遗物，让人看不上眼。同时，这些酒类都被安排在农业展馆，夹杂在棉花、玉米、酱菜、豆制品等农产品中间，不容易引起注意。

眼看距离博览会结束的日期越来越近，众多的酒品还无人问津，中国参展人员不免着急起来，可是又无计可施。就在众人一天天焦灼中，一个参展人员突发奇想，一天他在摆放白酒时，故意失手，滑落的酒罐应声而碎，白酒从残破的陶罐边隙溢了出来，顿时浓郁的酒香向四周飘散开来。很快，参展的人被浓郁的酒香吸引了过来。

中国展馆的工作人员见状马上打开酒罐，拿来空杯，倒入酒，让众人品尝。品尝后，众人啧啧称赞。一传十，十传百，中国农业展馆前围观的人越来越多。就这样，原本无人问津的中国白酒，一下子成了香饽饽，并由此获得了此次博览会大奖，从此名扬海内外。

从最初的无人问津到后来的竞相订购，是营销思维的全面胜利。

酒香也怕巷子深，有理由相信，如果没有这一“意外”事件，即便酒再醇香，恐怕也落得个无人问津的下场。

这一事件告诉我们，办事时从实到虚，以虚带实，虚实结合，方可能做到完美地统一。偏向一面，只务实或只就虚，都无法很好地达到目的。

虚张声势，以假乱真

兵法素来讲究“虚实”策略，通过虚实结合、虚实交错，让对手看不清己方所采取的战术，进而引导对方做出错误判断，然后以实击虚取得胜利。

《孙子兵法》中说：“夫兵形象水，水之形，避高而趋下，兵之形，避实而击虚。水因地而制流，兵因敌而制胜。故兵无常势，水无常形。”意思是说，用兵的规律好像水的流动，水会避开高处而流向低处；用兵获胜，是由于避开敌人的“实”而攻击敌人的“虚”。水的流向受地形高低的制约，作战则根据不同的敌情而采取不同的战法。所以，用兵作战没有固定的套路。

在这段话中，孙子强调了“形变”，即对敌作战不仅要“匿形”，还要根据敌情“示形”，做到“应形于无穷”，从而达到以形造假、以智取胜的目的。

来看一则古代战例。

公元前341年，魏国进攻韩国，韩国力不敌，向齐国求救。齐国派兵救援。田忌为将，孙膑为军师，率领十万大军直奔魏国都城大梁。魏国得知后，立即派太子申和庞涓率领十万军队迎击齐军。

齐军根据孙膑的建议，采取了示敌以弱的策略，避免与魏军正面交锋，并制造了一种假象。第一天，齐军挖了十万士兵使用的灶坑；第二天，只挖了五万士兵使用的灶坑；第三天，只挖了两万士兵使用的灶坑。

大将庞涓误以为齐军三天内逃亡了大半，于是率领部分轻装士兵紧追齐军。孙膑判断魏军在日落时可到达马陵，于是在那里设下了伏兵。

当魏军到达时，齐军万箭齐发，魏军瞬间陷入混乱，庞涓自杀身亡。齐军乘胜追击，大破魏军，魏国主将太子申也做了俘虏。

齐军胜在哪里？胜在以假乱真，隐瞒自己的真正意图，故意暴露自己的“弱点”，从而达到“误敌”的目的，取得了战争的胜利。

“虚张声势”的策略不但出现在战争中，在商业谈判及日常生活中，甚至在动物界都有着广泛的体现和应用。例如，某些鸟类会通过夸张的羽毛展示来吸引异性，或者警告其他鸟类不要靠近其领地。而在海洋中，章鱼或乌贼会通过改变颜色和形状来模拟更为危险的生物，以此威慑潜在的猎食者。

再来看一则现代商业中的例子。

一家新成立的广告传媒公司，由于缺乏知名度，业务一直不温不火。公司老板深知，没有足够的宣传，公司很难打开市场。于是，他灵机一动，想出了一个巧妙的策略。

他开始频繁地参加各种社交活动，每次电话响起时，他都会故意打开免提。电话那头总是传来这样的声音：“您好，我是 ×× 集团的营运经理。上次贵公司的推广方案给我们带来了巨大的成功，现在我们有一个更大的项目需要您的协助……”

老板的策略很快就奏效了。公司的业务逐渐增多，他的电话也一直响个不停。

《孙子兵法》中有云:“兵者,诡道也。”强调用兵策略在于变化无常、出人意料。商业行为亦然,无论是巧妙地提高影响力,还是巧妙地应对挑战,都是达成目标的有效途径。我们无须过分拘泥于形式,也不应将问题过度简化。

当然,所谓的虚张声势并非指狡诈或不正当的行为,而是在不违背道德和法律的框架内,运用一些高明策略或借助外部资源来增强自身的声望和影响力,以此来达到目的。

藏形匿影，慎亮底牌

《孙子兵法》中指出："兵者，国之大事，死生之地，存亡之道，不可不察也。"这一论述强调了在商场和战场中都至关重要的一个原则：无论是商业策略还是军事行动，都需要保持谨慎和保密。在竞争激烈的环境中，一旦泄露了关键信息，可能会导致灾难性的后果。

在生活和工作中，我们常常会遇到各种挑战。为了实现目标，有时我们需要策略性地隐匿一些关键信息，以便在关键时刻发挥作用。这就如同在桥牌游戏中，一位优秀的选手会根据比赛的发展，选择合适的时机用出关键牌。

在桥牌比赛中，每位选手都可能遇到困境。例如，当一位选手作为庄家，面对三家对手时，如果对方一开始就掌控了一门五张套（即某一花色的五张连续牌），这位选手可能会觉得赢得足够的墩数（桥牌游戏中，每局要出 13 轮牌，每轮牌称为一墩）变得困难。然而，这正是考验他策略和冷静思考的时候。如果他能够保持冷静，深入分析局势，找到对策，就有可能扭转局势，甚至赢得比赛。

在办事时，藏形匿影，不轻易亮底牌，并不意味着要隐瞒一切信息，而是要学会在适当的时候保持沉默，不要过早地暴露自己的全部计划和策略。这样可以保持一定的灵活性，以更好地应对各种变化和挑战。

年轻人李某在单位表现平平，某日遇到老同学张某，得知张某已经发达。张某了解到李某的现状后，力邀他到自己的公司工作，李某欣然同意。回到单位后，李某将情况告诉了领导，并提交了辞职申请。然而，领导以工作无人交接为由，迟迟不同意他辞职。

一个月后，领导仍然不同意李某辞职。张某对李某说："你跟领导说，你同学张某那儿不需要人了，你决定收回辞职报告，继续在原单位工作。"李某照做后，领导反而说单位已经批准了他的辞职报告，他的工作已找到人接手，并要求他立即办理离职手续。

为人处世应设法保持自己的神秘。人性的丑恶和真善往往在一念之间，有人喜欢与人为善，有人却不想看到别人好。早早亮出自己的底牌，容易让自己陷于被动。

会办事的人懂得内藏锋芒，低调不高傲，谦逊不矜张，潜谋于无形，常胜于不争不费。正如俗话所说，"真人不露相，露相不真人"。隐而不发，使对手难以捉摸；藏锋藏巧，自己才能笑到最后。

那该如何藏形匿影呢？

1. 议事要控：以静制动，把好口风。

一定不要和盘托出事情的全部真相，因为吐露真言就像从心脏放血一样，需要极高的技巧。并不是说真相不可告人，而是说为人做事要小心谨慎，在不了解对方的情况下，不要轻易实言相告，不要轻易亮出自己的底牌。

小张和小王就职于同一家公司，只是在不同的部门工作。半年过去了，有一天，小张向小王低声透露："领导有意提拔我为部门的小主管，并且还会给我涨薪。"小王听后，内心五味杂陈，嫉妒的火焰在他心中熊熊燃烧。之后，他将小张过去的一些不好的事公之于众，意图破坏小张的升职机会。后来，如小王所愿，小张没有得到升迁。

要做到严守底牌的最好办法是以静制动，保持神秘，让对方有无从下手的感觉，从而保证自身安全。

2. 遇事要忍：不抱怨，不诉苦。

在工作中，我们可能会遇到一些不友好的人，他们可能会试图通过攻击我们的痛处、软肋、弱点来影响我们的情绪。对此，聪明的做法是，该忍的时候要忍，不抱怨也不诉苦，保持积极的态度。同时，保护好自己的隐私，不轻易透露个人的信息或一些想法。这样，才能避免不必要的麻烦和误解。

3. 行事要稳：沉得住气，稳得住神。

《孙子兵法》中有这样一句话，“求稳之计，重在戒急”，讲的是一种对待事情的态度和方法。有些人一遇到事情，总是急不可耐地想要立即解决，但往往事与愿违。他们不仅无法顺利地解决问题，反而可能把局势搅得一团糟。这就是所谓的“欲速则不达”。

俗话说：“万仞高山，始足于稳。”无论是生活还是工作，稳，从来都是行事的基本准则。从古至今，凡成大事者，遇事都能够沉住气、稳住神。会办事的人，在处理问题时，主打一个“稳”，行动之前，他们会认真观察、规划和摸底，做好充分的准备，确保一切都在掌控之中，而不会急于求成。

《道德经》中有这样一句话：“鱼不可脱于渊，国之利器不可以示人。”这句话告诉我们，贵重的东西是应该保留和保护的，不宜轻易展示给他人。在办事和处理工作中，这一原则同样适用。有些人喜欢在他人面前炫耀自己的实力和能力，希望以此来证明自己的优越性。然而，这种做法可能并不明智。

真正的实力和能力并不需要通过炫耀来证明；相反，过于频繁地展示自己的底牌会暴露重要信息，从而失去谈判的筹码，致使自己在竞争中处于不利地位。一个成熟的人懂得在适当的时机展示自己的才能和实力，而不是在所有场合都急于表现。

在“务虚”中求得实效

为人处世，脚踏实地是一种美德，但有时候，我们还需要一点点的灵活和创意。就像在经济领域，除了实体经济，还有所谓的“虚拟经济”。现在，实体经济经营者常常感叹生意不好做，为什么呢？因为在互联网时代，如果办事太死板，不懂得灵活变通，不善于利用网络资源，就可能会错失很多机会。同样，我们在办事时也需要虚实结合，这样才能将事情办妥当。

在社会中，我们每个人就像市场上的独特商品，我们的互动多基于价值的交换和资源的共享。想象一下，作为一个普通人，如果你有机会和一位富有的朋友建立联系，多半是因为你们之间有一种互惠互利的关系。也许你能为对方提供独特的见解，或者带来不一样的资源，而对方也会给你带来你所需要的价值。这种实实在在的价值交换是双方关系稳定的基石。当这种价值交换消失时，双方的关系可能就会变得脆弱。

除了这些实际的交换，人际交往中还有很大一部分是“务虚”的。比如参加论坛、聚会、饭局等活动，这些都是通过非正式的方式把不同背景的人联结在一起。如果你不擅长这种“务虚”的交流、不懂得在适当的场合展现自己，那么就很难融入其中，从而成为局外人。所以，在办事时，要懂得在适当的时候灵活应对，既要务实也要“务虚”，这样才能在各种场合中游刃有余。

有个外国人在中国待了10多年，中国话说得很好。有一天，有中国朋友去他家做客，他留对方吃饭。

外国朋友问："要不要喝点酒？"

中国朋友说："不喝，不喝。"

外国朋友说："不喝就算了，那我只好一个人喝了。"

坐下来吃饭时，中国朋友只吃饭菜，老外一杯接一杯喝……喝着喝着，中国朋友憋不住了，说："你别光顾一个人喝呀，我陪你喝几杯吧。"

外国朋友不解："你刚才明明说不喝的呀！"

中国朋友急了："你看你这个人这么实在，我那不是跟你客气几句吗？你再劝我两句我不就喝了嘛。"

外国朋友内心很委屈："你不说清楚，还假客气！这能怨我吗？"

是这位中国朋友做人太假，还是这位外国朋友太实在？都不是。中国朋友可能觉得，你一让我就喝，不矜持，你总要让我三五回，我再喝，这样于情于理也好看。外国朋友会觉得，我是真心让你喝酒，但你执意不喝，那我便尊重你的意见，只好一个人喝了。

实际上，在办事过程中，需要根据具体情况灵活应对，该务实的时候要脚踏实地，而该"务虚"的时候则一定要"务虚"。

想象一下，两个人在同一个乐队中，一个只弹奏低音，另一个只弹奏高音，没有中间的和声，这音乐听起来一定很单调。同样，在办事时，如果一个人只懂务实，另一个人只懂"务虚"，就很难达到和谐的默契。所以，我们要根据不同的场合和人物，灵活调整策略，该轻松应对的时候就不要过于严肃，而该严肃的时候也不要随意。这就好比在烹饪时，既要懂得用实实在在的食材，也要懂得用一些调味料来增添风味。

总之，在日常生活中，我们经常会遇到一些需要“务虚”的社交场合。你能否在这些场合中如鱼得水，混得风生水起，往往取决于你“务虚”的能力。

用善意的谎言赢来和谐关系

在童年，我们一再被告知：要诚实，不要说谎。当成年后踏入社会，我们可能会发现，过于直白的真话并不总是最受欢迎的。有时候，一点善意的谎言或者委婉的表达，反而更受人欢迎，让事情变得更顺利。

想象一下这样的场景：

当你和一位正在与病魔斗争的病人聊天时，你会选择分享乐观和希望，而不是提醒他们“时间不多了”。

当你的伴侣询问“我漂亮吗？”时，你要赞美她的独特魅力，而不是进行外貌上的客观评价。

当领导要求你提供反馈时，你要在尊重的基础上提出建设性意见，而不是直接列出缺点。

……

在办事时，我们要学会运用智慧和情商，根据不同的情况和人际关系，选择合适的方式表达。这并不是鼓励说谎，而是提倡在尊重事实的基础上，用更加细腻和体贴的方式与人交流。这样，我们不仅能很好地维护他人的情感，还能有效地推动事情的进展，营造和谐的人际氛围和维持良好的关系。

比如，对丢了工作情感又出问题的朋友，我们可以说：“伙计，我知道你现在感觉像到了世界末日，但别忘了，最黑暗的时刻往往预示着光明即将到来。你是个有才华的人，这次的挫折只是暂时的。我相信你，会有更好的机会即将到来，让你大展拳脚。至于感情嘛，有时候放手是为了更好的相遇。相信会有另一段更真挚的情感在前面等着你。”这样的鼓励不仅能帮助朋友保持积极的心态，还能让其感受到你对他的支持和关心。

如果直言不讳，讲出来的话是这样的：“说实话，依你的能力、经验，就别想着找月薪过万的工作了。再说了，人家小丽肤白貌美，追求者众多，你有什么竞争优势？别怪我说话难听，你要学历没学历，要长相没长相，养活自己都困难，我劝你还是醒醒吧。”虽然是实话，但用它来开导对方，你觉得对方心里会接受吗？

许多时候，善意的谎言或者委婉的表达，并不是为了欺骗，而是为了在他人最需要的时候，给予他们力量和希望。在办事时，我们要学会用智慧和同理心去沟通，这样我们的话语才能成为他人的助力，而不是给对方“添堵”。

日常生活中，许多事并不涉及原则问题，过于较真往往会适得其反。我们的目标是营造一个温馨和谐的氛围，而不是在小事上争论不休。那么，一般在什么情况下该说善意的谎言呢？

1. 安慰他人的时候。

当面对一些敏感或令人不安的话题时，直接说出事实可能会伤害别人的感情。在这种情况下，选择善意地撒谎可能是一种更为妥当的方式。善意的谎言是为了保护对方的感受，避免不必要的伤害。比如，当别人陷入痛苦时，要学会隐瞒一些事实，尽可能用积极和乐观的话语来安慰对方。如果直接告诉他们实际情况，会让他们更加焦虑或不安。

2. 礼貌和客套的时候。

我们经常碰到这样的场面：在朋友家做客时，他们热情地为你夹菜，但所夹的菜却并非你爱吃的。作为客人，你有两种选择：一是不忍心辜负主人的好意，硬着头皮吃下去，同时口中说着客套话："好吃，好吃。"另一种是坦诚地表达自己的想法，比如"我自己来吧，不用客气"，这样的回应既得体，又能够避免双方尴尬。如果实话实说："我不太喜欢吃这道菜"，或是"菜的味道一般"，那样双方都会很尴尬。

3. 掩饰对方错误时。

当对方当众出了丑，或是做错了事，为了避免尴尬，可以说一些谎话。

比如，拜访一位朋友时，他给你端上一杯茶，你发现茶杯里有根头发，此时该如何应对呢？直接拒绝饮用，并要求主人换一杯可能会让主人感到尴尬，同时显得自己不够礼貌。而假装没有看见，直接饮用也不是一个好的选择。

聪明的做法是，将主人的过失转化为自己的过失。可以这样说："真是不好意思，我的头发似乎掉进了茶杯里，可能需要换一杯！"这样就很好地解决了问题。

4. 把对方的缺点说成优点时。

人无完人，每个人都有自己的缺点。当意识到自己的不足时，我们应及时改正。然而，有些缺点并非改过一次就能彻底消除，比如先天性的身体缺陷或心理障碍等。

晓丽一直对自己的腿不太满意，总觉得它不够漂亮，因此经常向母亲抱怨："为什么我的腿这么难看？"母亲安慰她说："没有啊，我觉得你腿的线条很美，如果你想更好，那我建议你学习跳舞。"听到母亲的话，晓丽找回了自信。

在一次舞蹈表演中，她穿着一身轻盈的芭蕾舞装，因为自信满满，她跳得格外优美，获得了现场观众的阵阵掌声，大家都说："快看，她的双腿多么灵巧啊！"

一句话可以改变一个人，因此我们不要低估一句善意的话的作用。只要你的初衷是善意的，能给对方带来幸福、快乐与进步，那暂时的“欺骗”就是一种帮助，一种深度的理解。

“谎言”之所以称为“谎言”，是因为它是虚假的、不真实的、骗人的。如果一个人经常撒谎，时间久了，便会失去人们的信任与尊重。在为人处世中，不可以说谎，但可以讲善意的谎言。善意的谎言像一剂温暖的良药，可以减轻他人的心理负担，减少或避免一些冲突，使人与人的感情变得更融洽、和谐。

实力不够，用“架子”来凑

在社会的复杂交往中，人们常常面临一个微妙的挑战：如何平衡真诚与自我保护？真诚和低调是宝贵的品质，但有时它们可能会被误解为软弱或可欺。因此，建立适当的“架子”，即设立交往和自尊的界限，是维持尊严和权威的必要手段。

提到“架子”，有的人可能颇有微词，认为摆“架子”的人自视甚高、傲慢自大、不容易接近或难以相处。其实，“架子”并不意味着要摆出高人一等的姿态，而是要在保持谦逊的基础上，让人更完整地认识到你的能力和潜力。

明朝内阁首辅张居正用他的经验告诉我们，说话办事是需要“摆架子”的。《明史》记载：“居正最后入，独引相体，倨见九卿，无所延纳。间出一语辄中肯，人以是严惮之，重于他相。”从这简短的文字介绍中，我们可以看出张居正的“架子”是如何摆出来的：他总是寡言少语，但每一句话都能切中要害，在低调中展现出自己卓越的从政才能。他不轻易听从任何人的意见，坚持自我，有自己的主见。

汉高祖刘邦出身平民，文化水平不高，打下江山后，依然习惯和手下的人不拘礼节地乱说乱道、争论不休。后来，一个名叫叔孙通的人告诉他：“皇上，如今您贵为天子，若不讲究尊卑贵贱之分，如何能治理天下？我来为您制定一套朝仪礼制，不仅保证您能够树立绝对的权威，而且您能真正感受到当皇帝的美妙滋味！”

朝仪礼制被制定出来后，每当刘邦出现在朝廷上，众人都会齐刷刷地跪地行礼。刘邦不禁感叹道：“今日我才知道，当皇帝竟是如此尊贵、如此畅快！”

历史经验告诉我们，不论做什么，都要在其位谋其政，为了扮演好应有的角色，该有的架子一定要有。比如，老板要有老板架子，教授要有教授的模样，明星要有明星的范儿。

M是一名年轻的教师，平时她经常与学生们打成一片。虽然与学生交朋友是件好事，但她却难以把握好其中的分寸，导致老师和学生的界限模糊不清。这种做法的后果是，许多学生开始对她不尊重，甚至开始欺负她，其中有一个学生经常以各种名义找她帮忙，甚至还理直气壮地说：“你是我的朋友，帮我做做这个呗。”或者说：“你不是说要做我们的朋友吗？那就帮我做做呗。”学生们让她帮忙做很多事情。可是，每次帮完忙后，学生们却不领情，甚至连基本的尊敬都做不到。M被老师和朋友的身份束缚，不得不去做那些本不该由她去做的事情，这让她感到特别困扰，不知如何是好。

在社会这个大舞台上，每个人都需要扮演好自己的角色。个人“架子”是一种必要的装饰，它不仅能够保护我们不受伤害，还能让我们在社会交往中显得更有分量和吸引力。

然而，这并不意味着“架子”可以任意摆设，而是要恰到好处地展示。我们需要在交往中保持敏感和智慧，知道在何时何地以及如何展现自己的“架子”，以保持个人的独特性和尊严，同时不失社交的和谐与秩序。

大智若愚，揣着明白装糊涂

现实生活中，我们常常会遇到一些办事能力特别强的人，他们不仅修养好、见闻广，还往往具有一种大智若愚的特质。因为他们深谙“水至清则无鱼，人至察则无徒”的道理，懂得在适当的时候展现自己“大智若愚”“天真无邪”的一面。

这种策略并非出于虚伪，而是一种处世智慧。通过这种方式，他们能够更好地与人沟通，建立信任，进而有效推动事情向前发展。所以，当我们办事时，也可以学习这种“大智若愚”的策略，适时展现出自己平易近人的一面。这样，我们不仅能够赢得他人的好感，还能够更顺利地达成目标。

历史上，宋太宗以其恢弘的气度而著名，他深知要实现有效的国家治理，必须能够容忍大臣的一些过失。孔守正被封为殿前都虞候后，有一次与大臣王荣一同陪宋太宗喝酒。酒过三巡，两人都醉意醺然，竟在宋太宗面前争论起秋季守卫边境的功劳，全然不顾君臣间的礼节。这样的行为，在当时被视为“大不敬罪”，依法应交由有关部门治罪。然而，宋太宗并未因此而动怒。

第二天，孔守正和王荣酒醒后，听闻了他们在皇帝面前的失礼行为，惊出了一身冷汗。两人深感惶恐，决定一同前往金殿向宋太宗请罪。然而，宋太宗却表现得十分轻松：“我当时也喝多了，许多事情都记不得了，你们不必在意。”

就这样，宋太宗“揣着明白装糊涂”，不仅彰显了气度，也为臣子们提供了一个反省和改正的机会。很多事情都是这样，当不能明言的时候，就非常有必要糊涂一下了。

俗话说，“看透不说透，还是好朋友”。“装糊涂”这三个字对于办事来说非常重要。很多时候，我们不得不学会装糊涂，因为你表现得越明白，可能越麻烦，说得越直白，可能越得罪人。那应该怎么装糊涂呢？

1. 看穿不戳穿。

当别人兴致勃勃地高谈阔论，你却发现他的言论中有一些错误，那要不要指出来？最好不要。为什么？因为没必要。人越是虚伪，自尊心往往就越重。当面戳穿一个虚伪者，会大伤他的自尊心。有些事情不涉及原则，不伤害他人，人畜无害，大可不必当真。否则，你看穿了还要戳穿，不论你说得对还是错，别人都会觉得你这个人“有点显摆”。

2. 不计较小事。

在人生旅途中，我们不可避免地要与众多人交往，总会遇到一些不如意的事情。如果对每一个问题都过于认真地处理，不仅会疲惫不堪，还可能无法找到真正的解决之道。更为棘手的是，有些问题在解决后还会出现新的问题，仿佛永无止境。其实，有些问题很多时候并不影响我们生活的核心，不去处理，它们自会慢慢消失。

所以应该时刻提醒自己，对于那些无关大局的事情，尽量不要过多插手，而是选择装糊涂。毕竟，我们的精力有限，不应该将其浪费在一些无谓的芝麻小事上。

3. 不纠结往事。

过去的痛苦和遗憾，就如同破碎的玻璃，虽然可以拼凑起来，但始终会有裂痕。如果我们一直纠结于过去，不仅会让自己陷入无尽的痛苦中，还会让那些已经过去的事情继续影响我们的生活。因此，应该学会接受过去的事情，不要反复提及或者抱怨。

4. 不卖弄聪明。

有句老话叫“知易行难”，懂得道理很容易，付诸行动却很难。聪明人喜欢“眉头一皱计上心来”的潇洒，但是，他们往往只限于“头脑风暴”，而不善于与人打交道，常常刚愎自用，结果聪明反被聪明误。所以，真正的智者绝不会故意卖弄小聪明。

糊涂不是昏庸，而是一种智慧的生活方式。正如郑板桥所说：“聪明有大小之分，糊涂有真假之分，所谓小聪明大糊涂是真糊涂假智慧，而大聪明小糊涂乃假糊涂真智慧。所谓做人难得糊涂，正是大智慧隐藏于难得的糊涂之中。”

声东击西：出其不意破僵局

《三十六计·声东击西》中讲道："敌志乱萃，不虞，坤下兑上之象。利其不自主而取之。"意思是说，敌人处于极度混乱和迷惑的状态，就像水漫过地面一样无法控制，此时，利用敌人无法自主决策的良好时机，果断出击，一举消灭他们。这个兵法要领涵盖的一个逻辑是，趁对手迷乱的时候，看准对方弱点，迅速出击，最为有效。

在战争或竞争的环境中，这种策略尤其重要。当敌人失去理智和判断力的时候，他们最容易犯错，露出破绽。如果能把握住这个时机，迅速而准确地出击，便可取得决定性的胜利。

在电影《食神》中有这样一个片段：

周星驰研发出"撒尿牛丸"后，故意放出自己想要东山再起的消息。竞争对手以为他打算开大排档，于是开始对他围追堵截。不承想，"星爷"并没有开大排档的计划，而是将撒尿牛丸做成了速食产品罐头，一个假动作把对手忽悠得团团转。于是，有了那句声嘶力竭的台词："真猜不透他！"

在这个过程中，"星爷"用的策略就是"声东击西"。它在商业竞争中非常常见，是一种非常有效的策略。

比如，在激烈的商战中，有些公司会有意向外部展示内部的问题，或制造一些假象，并造出声势，以误导竞争对手。例如，对外宣传将帅不和；内部出现资金问题；人才严重匮乏……总之，在对手乐见你出问题的方面，有意放出“有利”于对手的烟幕弹，麻痹、干扰对方，进而在对方不注意的时候出击，赢得胜利。

声东击西策略也常用于谈判。为了达到既定的目的，故作声势地将重心放在次要问题上，以迷惑对手，最终在重要问题上逼着对手让步。

那么我们应该如何使用声东击西之策呢？需把握好以下三个步骤。

第一步：以正治乱。

在博弈的过程中，心理状态的控制往往成为胜负的关键。面对混乱或不确定的情况，要保持镇定和清醒的头脑。可以采取一些措施，如深呼吸几次，放松身体和思维，排除杂念，专注于当前的问题，或者通过冥想、做瑜伽等方法来帮助自己恢复平静。

第二步：转移视线。

在博弈中，故意隐藏自己的真实意图是一种常见的策略。通过制造假象或使用误导性信息来混淆对方的视听，使其无法准确掌握自己的真实意图和计划。

第三步：以实击虚。

在实施计谋时，需要采取灵活多变的进攻方式，不断改变攻击方向，使对方无法准确判断我们的行动意图。这种飘忽不定的进攻可以有效避开对方的主力，伺机攻击敌人的薄弱部分，趁势取胜。

特别是在求人办事遇到阻碍时，完全可以采用声东击西的战术，在虚晃一枪后，再实施一个出其不意的计策，这样可以有效打破僵局，使自己在博弈中掌握主动权。

第7计

权宜计

——权衡利弊办急事

“权宜计”是一种为人处世的智慧和艺术，能够让我们在办事过程中做到随机应变，进退从容，使我们能够更好地应对挑战、抓住机遇，快速把事办好、办巧、办牢。

重要的事要拟订 B 计划

在军事战争中，周密的策划和准备是确保胜利的重要内容。《孙子兵法》中说："故用兵之法，无恃其不来，恃吾有以待也；无恃其不攻，恃吾有所不可攻也。"这句话的核心思想是，要想取得对敌的优势，就要争取先机、全面胜利或避免战斗，不要依赖于敌人的不进攻，而要依赖于自己的充分准备。

我们常常会过于相信自己对世界的理解，这种心态是非常危险的。依赖运气可能会偶尔成功，但长期依赖临时的应变措施来应对问题却是不切实际的。提前制订详细的行动计划，可以为自己提供更大的操作空间，更好地应对不可预见的情况和不确定性。

特别是在处理重要事务时，单一的计划往往不足以应对所有可能的情况。为了更加稳妥地处理问题，特别是突发事件，制订备用计划（B 计划）是非常有必要的。

B 计划就是在原计划无法实施时的替代方案。拥有 B 计划，可以确保在 A 计划失败时，仍有可行的路径继续前行。

这个 B 计划可以是给领导提方案的时候制订的备用方案，也可以是与客户谈判时亮出的最后底牌，还可以是在做职场规划时给自己留的"退路"。一般来说，一个人办事的备选方案越多，准备得越充分，腾挪的空间越大，表现得就越自信。

从时间的维度来看，是先有 A 计划再有 B 计划，但是，并不是说 A 计划一定比 B 计划好，而是它们的目标通常是一致的。比如，你要在墙上装一个电视支架，很明显，这是目标。你的 A 方案是找工人来装，B 计划是自己来装。实施 A 计划时，你询问了人工费用，发现费用太高，就决定转而实施 B 计划，也就是自己来装。

又如，你一早要去机场接一位非常重要的客人。正常情况下，你会走最近的路，但是，这条路在早高峰时经常堵车，通行时间没有保障，那走还是不走？肯定不走。这时，你会考虑几条备选路线，然后从中选一条作为 A 方案。万一这条路也有状况怎么办？那就不得不再找一个方案，这个方案就是你的 B 计划。

再如，有个主管能力突出，适合做管理工作，万一有一天他跳槽了怎么办？到时临时找一个人过来，显然不行。为了防范这样的风险，聪明的老板一定会有“备胎思维”：我可以信赖某个可信赖的人，但绝对不会对任何人产生过度的依赖。一个可靠的人可以为你提供支持，但过分依赖某个人则可能使自己在面临突发状况时陷入困境。在商界，“黑天鹅事件”层出不穷。因此，具有“备胎思维”，在重要的事情上制订 B 计划是很有必要的，这样有利于应对一些不确定性和变数。

在一些重要事情上，办事高手总能游刃有余地应对一些突发状况，看似权宜之计，或者是运气使然，其实，事情早在他们的掌握之中，因为他们都有 B 计划。

那么如何制订 B 计划呢？

1. 明确目标。

在制订 B 计划之前，首先要明确你希望通过该计划实现的目标。

目标应该具体、可衡量、可达成，与总体目标相关，并且有明确的时间表。例如，你的目标可能是在特定时间内完成项目、降低风险、提高效率或确保业务连续性等。

2. 分析 A 计划。

仔细分析现有的 A 计划，了解其潜在的风险、限制和可能导致的问题。可以从多个角度进行分析，包括技术可行性、资源供给、市场变化、相关的法律法规等。通过深入了解 A 计划的利弊，进而确定需要在 B 计划中解决的关键因素。

3. 确定备选方案。

根据对 A 计划的分析，制订多个备选方案。这些方案应该能够在 A 计划无法实施或失败时提供可行的替代选择。备选方案可以包括改变策略、调整时间表、引入新技术或合作伙伴等。确保每个备选方案都经过充分的考虑和评估。

4. 评估备选方案。

对每个备选方案进行全面评估，考虑其可行性、成本、风险和收益等因素。可以使用各种评估工具和方法，如 SWOT 分析、成本效益分析、风险评估矩阵等。通过评估，选择最有潜力和最适合的方案作为 B 计划。

5. 制订详细计划。

为选定的 B 计划制订详细的实施步骤、时间表和资源需求清单。确保计划具有明确的目标、可衡量的指标和可行的行动计划。计划中应包括任务分配、沟通计划、风险管理策略和监控机制等。同时，要为 B 计划的实施预留足够的时间和资源。

B 计划的核心价值在于：它可以让你放开手脚去执行 A 计划，从而提高 A 计划执行的效率和成功率。也就是说，B 计划会改变你执行A计划时的心态。在有B计划的情况下，你执行A计划会更加从容。

《礼记·中庸》中说："凡事预则立，不预则废。"大到团队的发展、人生的规划，小到一件生活琐事，无不需要进行计划。不做充分的准备，一旦遇到问题，特别是在处理重要事务时，就会措手不及，因此在主计划（A计划）外，要准备一个或几个备选方案（B计划）。

关键问题上要权衡好利弊

《孙子兵法》中提出，评价一位将领的成就，不应仅仅基于他是否带领军队赢得了胜利，更要考察他取得胜利的方式、所付出的努力和代价，以及胜利的难易程度。在指挥作战时，将领既要避免失败，又要追求击败敌人。一个卓越的将领会怎么做呢？他会仔细权衡利弊，采取代价最小、收益最大的策略。处理事务时也是如此，成功不仅取决于结果，还取决于达到目标的过程和所付出的成本。

在办事过程中，难免会涉及利益。这个时候，需全盘衡量，把握尺度，协调好各方的利害关系，在争取自己利益的同时，也要考虑他人的利益，以达到共赢。有些事情，如果做了会伤害别人，或是违法，那就不要做。

光武帝时，他的姐姐湖阳公主刚刚守寡。一次，光武帝与她一起议论朝臣，暗中探察公主的心意。

公主说："宋弘的风度、容貌、品德、才华，朝臣们无人能及……"光武帝说："我来安排这件事。"

不久，宋弘受到光武帝召见。光武帝事先让湖阳公主坐在屏风后面，然后问宋弘："人一旦富贵发达就会更换朋友，一旦发财就会换掉妻室，这是人之常情吧？"

宋弘说："古语说，贫贱时交的朋友不能忘记，共患难的妻子是不应该被抛弃的。"

听后，光武帝转身对屏风后的公主说："事情并不顺利啊！"

显然，这件事属于不应该做的事情。宋弘已有妻子，湖阳公主显然属于"第三者插足"。如果光武帝利用权势办成了这件事，虽然在当时不算违法，但却违背了情理。所以，光武帝借用"贵易知，富易妻"来试探宋弘的想法，而宋弘则以"贫贱之交不可忘，糟糠之妻不下堂"来回应。

难能可贵的是，宋弘抵住了权势的诱惑，即没有因世俗的观念和权力的诱惑所动摇，展现出了高尚的品格和道德操守，堪称一代道德楷模。

现实生活中，我们总会遇到各种复杂的情况，为了做出更明智的决策，在一些关键问题上，一定要学会权衡利弊，通过对比各种选择的优缺点，进而找到最符合目标和需求的解决方案。以下是一些具体的步骤和技巧。

1. 明确需求。

在权衡利弊之前，首先要明确自己的需求，即要清楚地了解自己想要实现什么，以及这个需求对自己的生活和工作有什么影响。明确需求有助于确定哪些因素是重要的、哪些因素是不重要的，从而更加有针对性地进行利弊分析。

2. 列出所有的利弊。

在明确了需求之后，列出所有可能的选择及其对应的利弊，包括直接的和间接的、短期的和长期的，以及正面的和负面的影响。在这个过程中，需要尽量全面地考虑各种可能性，避免遗漏重要的信息。

3. 评估利弊的重要性。

对每个利弊进行评估，确定它们的重要性，可以通过给每个利弊打分来完成这一步骤。通常分数越高，重要性越大。在评估过程中，可以根据自己的实际情况和需求来调整评分标准，以确保评估结果更加符合自己的实际情况。

4. 根据利弊进行排序。

可根据利弊的得分来进行排序，以便更直观地进行比较，这有助于看到哪些利弊重要、哪些不重要。可以使用 SWOT（优势、劣势、机会和威胁）分析来全面评估。

5. 做出决定。

基于之前的比较和评估，做出最符合预期的决策。通常，应该选择那些得分高、对自己更重要的选项。

总之，权衡利弊是办事过程中不可或缺的一个环节，可以帮助我们做出更明智的决策，提高我们的办事效率，降低风险，优化资源分配，增强决策的合理性。

以礼待人，以情感人

所谓“世事洞明皆学问，人情练达即文章”，在人际交往中，很多人因为不够圆滑、不会说话，工作做了不少，但是却不受领导待见，一直没有得到提拔，求人办事也不顺利。人都是现实的，都是趋利避害的。有人给你送礼，能不能帮上忙暂且不说，至少你不会讨厌对方，且会认为对方很尊重自己；相反，如果有人总是试图不劳而获，人们往往会选择回避他们。

精通办事之道的人深知这一点。比如，当他们进入一个新环境时，可能会采取“拜码头”的做法。所谓“拜码头”，就是向在工作中可能会给自己提供帮助的人或经常接触的领导赠送见面礼，以表达敬意和友好。

当然，送礼也是一门学问，送什么、送多少、何时送、怎么送，都大有学问。送得恰到好处是人情，送得不当可能带来尴尬，甚至会触犯相关法律法规。所以，要想成为办事高手，在送礼问题上一定要多思量。

1. 要投其所好。

送礼，要学会揣摩对方的意图，揣摩清楚接受你的人情或礼物的忌讳和心思。比如，对方不愿意收你的礼，却主动带你参观他的收藏品，如字画、古董等，这可能是一种暗示。他希望你能够理解他的心意，明白他的期望。这个时候，你可以尝试向他表达你的诚意和请求。同时，需要了解对方对送礼的忌讳和心思。如果能够根据对方的喜好和忌讳来选择礼物和送礼的方式，那么你就有更大的机会获得对方的好感和支持。

2. 不贸然送。

在寻求不认识或不太熟悉的人办事时，切勿贸然送礼。正确的做法是，找到一个中间人来“牵线搭桥”。否则，对方不了解你的背景和情况，缺乏基本的信任保障。通常情况下，一般人是不会轻易接受你的礼物并答应帮你办事的，除非是那些特别贪婪的人。但这样的人往往是很危险的，也是不可靠的。

3. 避免一次给足。

如果你是一位领导，你的下属希望从你那里获得工作上的便利，你应该如何巧妙地施予他们人情呢？首先，要经常给予他们一些好处，但不要一次性满足他们的所有欲望。否则，对于你倾囊相授的恩惠，他们可能会觉得不以为然。就像饮足井水的人，往往会离井而去。因此，你应该适度地控制，让他们总是保持一点渴望，以便让他们对你产生依赖感。一旦他们对你失去了依赖心，或许就不再对你毕恭毕敬了。

4. 不宜硬送。

在办事时，如果对方实在不愿意收你的礼，就不要硬送。对方不收你的礼，你需要认真分析其中的原因——是你们之间的关系不够吗？是礼物不够重吗？还是对方怕麻烦呢？一定要先搞清楚，然后针对具体原因采取相应对策。

5. 礼不要过重。

求别人办事时，不要一开始就送过于贵重的礼物，否则对方会有心理压力，并多半会因此拒绝你的请求。正确的做法是，平时送一些小礼物，以此作为铺垫，增进彼此的感情，拉近彼此的关系，而不是平时不来往，有事时送上一份厚礼。不论办什么事，首先要升级关系，建立信任，这是一个基本的流程。所以，在关系不熟，或不了解对方的办事能力与意愿时，要避免送厚礼，否则有些强人所难。

6. 送人情后不催。

俗话说，“吃人嘴软，拿人手短”，一旦对方接受了你的礼物或帮助，他们就会感到有义务为你办事。但是，你需要给对方足够的办事时间、空间，不能过于频繁地催促。否则，会让对方反感，适得其反。

在办事过程中，给对方送人情是为了表达善意和促进合作，而不是要求对方必须完成你的请求，因此必须做好事情办不成的心理准备。事情办不成，也要坦然面对。一旦事情未能如愿，切不可责怪或抱怨对方，更不能到处宣扬对方未能帮你办成事的事实，这不仅会毁掉对方的名声，更会让你自己的声誉受损。

掌握模糊表达的艺术

在办事过程中，有的人老是碰壁，搞不好人际关系，问题往往出在不会说话上。其中，不善于模糊表达，或听不懂别人的模糊用语，是主要的原因。

模糊表达是一种重要的沟通策略，它并非含糊其词或者故意误导，而是在适当的时候，为了保持灵活性或者避免直接冲突，而采取的一种委婉的沟通方式。例如，当拒绝他人的请求时，使用模糊表达可以减少对方的尴尬和不适；在谈判中，模糊表达可以给自己留下回旋的余地；在与上级或客户沟通时，模糊表达可以避免过早地承诺无法实现的结果。

例如，向领导汇报工作时，领导的回应却含混不清，让人难以把握其真正的意图。如果你进一步追问，会担心领导认为你缺乏悟性；但如果选择不问，又可能会对如何开展下一步工作感到困惑。在这种情况下，你不应该立刻假设领导是在故意使问题复杂化，或者怀疑自己的理解能力。真实的情况是，领导可能有自己的考虑和计划，或是因为某些信息还不便透露，抑或在等待更好的时机来明确指示。在这种情况下，正确的做法是保持耐心，继续按照自己的理解推进工作，并在适当的时候再次寻求领导的指示。

《孙子兵法》说“知彼知己，百战不殆”。要想办好事，在交流中就必须确切地知道对方在说什么、在想什么、要求什么。言为心声，你听不懂别人的心声，怎么知道他在表达什么？如果你觉得对方的态度模棱两可，那就大错特错了。很多时候，模棱两可也是一种态度、一种立场。

苏东坡被贬职到黄州后，有一天晚上，他和他的朋友佛印和尚在长江上泛舟游玩。苏东坡突然指向岸边，笑而不语。佛印顺着苏东坡指的方向望去，看见一条黄色的狗正在啃骨头，顿时领悟到了什么。他随即把手中写有苏东坡诗句的扇子扔进了水中。两人心领神会，不禁相视一笑。

原来，这是一个哑联。苏东坡的上联是“狗啃河上（和尚）骨”，而佛印的下联是“水流东坡尸（东坡诗）”。当然，要达到苏东坡和佛印那样心灵相通的水平，除了默契，还需要相当高的智商。

说话办事，我们的言行需要符合一般的心理规律，这样才更容易被对方接受和认可。在中国的文化背景下，不直接言明，注重心理上的默契和领悟是一个重要特点。

举个例子。

对即将上马的新项目，领导提出了一个用人方案。他把方案分发给大家，然后问：“你们都有什么意见，尽管提出来。”你有一肚子意见，那提还是不提呢？在决定是否提之前，你必须要想清楚一个问题：领导是真的在寻求建议或意见，还是要走形式？如果是前者，可以提。但如果是后者，那就需要拿捏好你的表达，否则即使你的建议再中肯，领导也听不进去，因为他压根儿就不想听建议。你可能会问：“既然已经有了明确的态度，那为什么还要征求大家的意见？”这就涉及说话的艺术问题了。

又如，当朋友遇到尴尬的事情时，我们可以假装不在意，然后通过转移话题来遮掩过去，这样在一定程度上可以避免对方尴尬，让对方感受到关爱；相反，如果这种情况下过于较真，像《皇帝的新装》中那个讲真话的小孩儿一样，往往会让对方失去颜面，导致关系僵化。

再如，两个同事闹矛盾，他们来找你评理，你怎么办？只要思维正常的人，就不会旗帜鲜明地说："小刘，这是你的错啊！"或是"小王，你说得没错。"通常在这种情况下，要说模棱两可的话，模糊表达，在"哈哈哈"中结束。

很多事情不是非黑即白的，而存在一些灰色地带，所以不能简单地用"二分法"来表态。如果一定要用这种方法，往往也是先赞成后反对，或是先反对然后赞成，这样当事人更容易接受。

在与人沟通交流中，如果做不到模糊表达，势必会碰很多"钉子"，惹来一些不必要的麻烦。特别是在表达既不同意也不反对的观点时，一定要会使用模棱两可的语言，这既是对自己，也是对他人的一种保护。

管理好你的“人情账户”

在处理事务时，有人习惯把“人情”放在首位，且遵循这样的逻辑行事：咱俩关系好，处得不错，我找你办事，你就有“义务”尽力而为。他们通常认为，自己的要求也不过分，是对方轻而易举就可以办到的。可是要知道，即便是举手之劳，那也是要消费人情的。

将“人情”作为办事的首要考虑因素，会让自己背上很重的人情包袱。欠钱可以还，欠了人情债，有时是很难还清的。而且，过度地透支人情，不但容易形成“道德绑架”，也容易破坏彼此的信任与关系。

小张在某地交警队工作。有一次，执勤时，他给路边一辆违停的车贴了罚单。很快，就见一个人来到他跟前，笑嘻嘻地说：“嘿嘿，小张吧，今天你值班呀？”

小张问：“你是谁？”

对方拍了一下小张，说：“我是你二舅妈的表哥呀，你不记得我了？”

小张似乎想起来了，问道：“哦，很久不见了，不过有点印象。”

对方说：“咱们都乡里乡亲的，你就把罚单收回去，我这就把车开走。”

小张说：“那可不行，一码归一码。”

那人不高兴了：“不就你一句话的事嘛，给点情面吧……”

小张坚持不撤回罚单。

现实中，类似这样的场景有很多。有的人习惯情感绑架，以此“要挟”他人为自己办事，其实，这是对人情关系的一种错误认知。人情可以欠、可以还、可以给，甚至可以成为办事的一种“工具”，但唯独不能“绑架”。

这也从另一侧面提醒我们，在办事过程中，一定要管理好自己的“人情账户”，既要避免被人情“绑架”，也要注意过度透支人情，为此要把握好以下几个原则。

1. 避免高估与他人的关系。

现实生活中，我们常会产生一种错觉：我和某某的交情不错，找他办点事没有问题，甚至很多时候会认为，某某就是能救自己于水火的“贵人”，是自己的“靠山”。似乎只要对方伸出援手，就一定会成为自己的“救命稻草”。

赵先生是一位科员。一次，他听说自己的一位大学同学空降到了当地，担任“一把手”，突然觉得自己的人生有了依靠。于是，他满面春风地去见这位昔日同学。但是事情却让他有始料不及的感觉。作为老同学，对方表现出了应有的热情，但是作为领导，对方的说辞，除了满满的肯定，就是鼓励和希望。这虽然让他多少有点振奋，但是，他静下心来一想：如果像对方说的那样，自己早就升职了。于是，他只好带着一些空头承诺悻悻离开了。

很多人会犯赵先生这样的错误，就是高估与他人的关系。这种想法有些天真！其实，任何的关系都是对等的，尤其是当双方的地位、身份、资源等不对等时，相互之间的关系往往也是不对等的，这时所谓的人情、面子，是不堪重负的。

2. 不要用“情”来包装“理”。

有一家公司的销售经理是老板的哥哥。平时，他工作拖沓，但是老板一来，马上换了一副模样。他经常仰仗自己是老板的哥哥，耍一些特权，大家极其反感他。

有一次，他横加干涉研发部门一位职员的工作，且恶语相向。那位员工就到老板那里告他的“状”。老板没有当面指责哥哥的错误，而是带他到办公室密谈。让人没想到的是，第二天，那位职员就被开除了。

这件事在公司引起了很大的反响，很多员工认为，有这样的人在，大家就没有好日子过，因此开始考虑跳槽。

不论是经营公司，还是为人处世，中国人都非常重“情分”“情面”等，甚至很多时候，宁可坏了办事规矩，也要维护一个“情”字。可是过分重视人情，忽视了“理”的价值，久而久之，必然让事态进入一个狭窄的空间。

3. “人情债”也有底线。

自认为对别人有恩，就不断地要求对方帮忙，甚至提出过分的要求，这种行为无疑与《渔夫与金鱼》中的老太婆如出一辙。一次次地消耗人情，最终只会落得一场空。

人与人之间交情的深浅，决定了彼此边界的底线。有些人之所以能一再容忍他人的无理、无趣、无常，无非是在还对方的“人情”。然而，“人情债”也是有底线的，一旦突破底线，无休止地透支，即使感情再深，总有一天也会消失殆尽。

在《高效能人士的七个习惯》中，作者史蒂芬·柯维提到："你一定要将每一次人际交往，都看作在他人情感账户中存款的机会。"这句话传达了一个重要的观点，即在与他人的交往中，要注重积极的情感交流，通过关心、支持、理解和帮助他人，来增加彼此之间的情感储备。这样，在消费"人情"的时候，才能保证有足够的余额。

要把他人利益放在心上

在人际关系的舞台上，利益扮演着举足轻重的角色。它如同一条红线，将原本陌生的心灵串联在一起，使彼此成为“莫逆之交”。在共同利益的驱动下，人们心甘情愿地携手同行，相互支持。寻求利益的共赢，既是人类社会繁衍生息的自然规律，也是构筑人际关系不可或缺的基石。

日本著名实业家稻盛和夫曾说：“利益到位，陌生人就是朋友；利益消失，朋友就是陌生人。人走茶凉，那是自然规律。求人办事，不要指望看谁的面子……真想求人办事，就当生意来做。有了这个思维，哪怕你谁都不认识，也可以把事情办好。”

但凡有过一点相关经历的，都能体会到那种“一分钱难倒英雄汉”的无助感。在现实生活中，每天我们免不了要办一些事情，一个残酷的事实是，其中绝大多数事情是以利益为导向的。也就是说，只要利益关系在，事情就有办成的可能；一旦利益链条消失，事情就不容易办成。

从这个意义上说，办事是为了实现自己的某种利益，从另一个方面看，也是为了满足别人的某种利益，即在办事过程中会形成“你中有我、我中有你”的利益关系。这时，如果在利益的分配上出现问题，如想一个人独占，或者不让出相应的利益，那么相互之间的“合作”将很难持续下去；相反，利益均沾，双方的“合作”也就顺畅了。

比如，你和别人合作做生意，只想着自己赚，而不让对方赚，一个劲儿地压价，让对方毫无利润空间，那这样的合作会长久吗？当然不会。生意就应该利益均沾，只顾一己利益，而无视对方的权益，那只能做一锤子买卖，甚至一锤子买卖也做不成。

这个道理也同样适用于职场、生活。侯老板很有商业头脑，生意越做越大。在创业阶段，他对手下的员工“一视同仁”，并承诺：谁把事情做好，谁就有升职加薪的机会。但是，当公司效益好了，很多人就想了：“公司该给我钱了，该给我升职了。”这时，如果侯老板兑现了承诺，该加薪的加薪，该升职的升职，该调离的调离，大家皆大欢喜，都说他是一个好老板，并死心踏地地干。如果侯老板为了一己之利，不兑现当初的承诺，以各种借口搪塞，那么久而久之，必然让内部关系复杂化、矛盾化。

即使办一些琐碎的生活小事，也要首先考虑利益的配给。比如，你问个路，人家可能回一句“我不是本地人”或是“不知道”就把你打发了，如果你面带微笑递上一支烟，即便对方真的不知道，也可能会给你一些建议。

比如，你和某人谈一笔生意，如果双方都拿 50% 的利润，这笔生意可以很好地谈下去，因为双方都认为这 50% 是应该拿的。如果你只拿 10%，而把利润的 90% 让给对方，那项目的推进大概率很顺利。如果你要拿 80%，而只给对方 20%，那谈起来就很难了。

为什么有些人办事能力强？不是多能说，而是善于从“利益”入手，去分析对方的立场、主张以及行为，当利益给到位了，事情就要好办很多。许多时候，事情办不成，不是事情本身难，而是没让对方见到利，更别谈给到位了。

在社会上，虽然有助人为乐的人，但极少有那种不求任何利益回报就会为你办事的人。是人就有自己的利益诉求，凭借交情和感情固然可以办成事，但通常一次、两次过后，就没有第三次了。

办事本质上是一种合作、一种交易。在“合作”与“交易”中，双方实现了利益捆绑。当将自己的利益与对方的利益捆绑在一起，让对方觉得，为你办事有利可图，那办事的意愿就强；反之，意愿就弱。所以，不论办什么事，先得慷慨地把“好处”准备好，表现出你办事的诚意。这是一个人行走于社会必须懂得的人情世故。

为人处世有舍得思维

真正的办事高手都有舍得思维，即在面对选择和决策时，理性权衡利弊得失，该舍即舍，果敢爽利。舍得思维强调的是“有舍才有得”，即要有所取舍，通过舍弃一些不必要或需要给予出去的东西，来获得更有价值或更为重要的东西。

比如，为了把水果卖出去，一些精明的水果商贩会让顾客先尝后买，不甜不要钱；一些护肤品专柜会推出产品试用装；一些美容店会推出超值服务体验卡。这些都是舍得思维的体现，先舍出一些利润，后面再争取更高的回报。

在军事斗争中，有的时候，需要让出或舍去一些利益，这样才能换取更大的胜利。有时候，局部的退让和牺牲，才能保全整体的战局。这种智慧要求我们在面对复杂的情况时，保持清醒的头脑，不被眼前的利益迷惑，即从全局出发，做出明智的舍得选择。

《左传》记载了“泛舟之役”的故事。

晋惠公执政时期，晋国遭遇饥荒，不得已向秦国求助。在是否帮助晋国的问题上，秦国内部产生了分歧。有人认为，晋惠公不仁义，没必要援助。大臣百里奚则认为，天灾是经常发生的，每个国家都有可能遇到，救灾恤邻是道义所在，理应伸出援助之手。秦穆公也认为，晋国国君有罪，但百姓无辜，援助也是必要的，于是决定提供援助。秦国的粮食通过水路被运输到晋国，史称“泛舟之役”。

第二年冬天，秦国也发生了灾荒，于是向晋国借粮。没想到，晋惠公非但不借粮，还要趁机出兵攻打秦国，由此留下了“晋惠公借粮——有借无还”的歇后语。

面对灾荒，秦、晋两国态度迥异，民心的向背也由此决定。

秦国度过饥荒后，出兵攻打晋国。虽然秦军数量很少，但个个勇猛无比。晋国的军队和百姓因为此前受过秦国的恩惠，无心恋战。最终，晋国大败，晋惠公被俘，只好割地求和。

这个历史故事表明，秦国泛舟之役，看似放弃了灭掉晋国的机会，却因为提供粮食给晋国，赢得了晋国百姓的好感。而晋国自以为抓住了战机，却失去了德行，反倒激起了众怒，最终招致失败。

真正厉害的人，就像百里奚和秦穆公一样，目光长远，舍得眼前的小利，为的是赢得呈几何倍数的利益。

舍得的智慧还体现在对资源的合理分配上。在战场上，兵力、物资都是有限的，如何将有限的资源用在关键的地方，需要统帅有舍得思维。有时候，为了取得最后的胜利，不得不暂时舍弃一些资源，将其集中用于突破关键点。这种决断需要对战场形势有深刻的洞察力，对战争的发展有准确的预判。比如，《孙子兵法》中的“我专为一，敌分为十，是以十攻其一也……无所不备，则无所不寡”就体现了这种舍得思维。

舍得之间，彰显智慧，在平时办事过程中，我们应该学会运用舍得思维。

1. 要真的“舍”。

在办事时或寻求他人帮助时，给予对方一定的好处是一种常见的策略。这种做法旨在增加对方的好感度和信任度，激发对方办事的动力。

“天下熙熙，皆为利来；天下攘攘，皆为利往。”在现实生活中，人们的行为和决策往往受到利益的影响。无论是同事、朋友还是亲戚，每个人都有自己的利益诉求和想法。因此，在寻求他人帮助时，需要先了解对方的利益诉求，并尽可能给予其满足。

在运用这种策略时，要注意适度原则。过度的利益交换可能会让对方感到不适或产生反感。同时，也要尊重对方的意愿和选择，不要强迫对方接受。

2. 先舍后得。

为何“舍”在“得”之前呢？从人性的角度来看，如果“得”被放在首位，人们往往会陷入无尽的贪婪和欲望中，导致心灵的迷失；相反，将“舍”放在前面，是引导人们更加珍视人性，学会换位思考，顺应人情办事。

有一次，小周在北京完成一项业务后，突然接到通知：必须在当晚10点前赶回上海总部参加一个重要会议。当时已是下午6点，小周要在尽可能短的时间内赶到机场。小周所在的酒店距离机场有五十公里，当时正值交通晚高峰期。客户原本打算让自己的司机送小周，但由于司机不熟悉去机场的路况，所以这个方案被放弃了。

于是，客户叫了一辆出租车，并提前给了司机200元的小费。通常情况下，从小周所下榻的酒店到机场开车需要近50分钟，但司机巧妙地避开了几个堵点，只用了半小时就把小周送到了机场。对于司机来说，他得到了额外的小费，感到非常开心，而对于小周来说，他顺利地赶上了航班。试想一下，如果客户不提前给司机小费，可能司机不会那么尽心尽力。

3. 舍得要平衡。

想象一下深呼吸的过程：吸一口气，然后缓缓地呼出。实际上这也是一个典型的舍与得的过程。吸气时，我们获取的是能量和氧气，此为“得”；而在呼气时，我们释放出体内的废气和杂念，这是“舍”。许多人可能认为，“吸”更为重要，其实“呼”与“吸”同样重要。没有“呼”，“吸”也必然不会长久。

正如呼吸需要平衡一样，在办事时也需要在“得”与“舍”之间找到平衡。没有舍弃的追求往往会让我们陷入疲惫和焦虑，而不懂得珍惜所得则会让我们失去前进的动力。

舍得思维是办事的智慧，平衡得与舍是成功的关键。有舍才有得，大舍大得，小舍小得，不舍不得。不懂舍的艺术便不懂办事的艺术。曾仕强教授曾言：“舍不得自损而损人利己者，终将遭遇凶险。”贪多嚼不烂，过度的欲望和追求往往适得其反。因此，在办事时，需明智地取舍，以平衡的心态去追求目标，这样才能获得真正的成功和满足。

出现意外时，要控得住场面

在日常交往中，我们都不免会犯错，这是很正常的。关键在于，面对这些错误，我们应该学会如何应对，如何采取有效的措施进行纠正，将损失或不利影响降低到最小。能够做到这一点的个体，通常被认为是处理事务的高手。

清朝乾隆年间，纪晓岚负责编撰《四库全书》。一日，乾隆帝突然造访翰林院，时值盛夏，酷热难耐，纪晓岚正忙于监督编书工作，没有穿官服，见皇帝驾临，慌乱之中躲到桌案之下，避免被降罪。

乾隆帝进屋之前已经看见这一幕，进屋之后却未声张，只是静静地坐在桌旁的椅子上，并示意随从保持沉默。纪晓岚在桌下耐不住高温，等待片刻后，以为皇帝已经离去，便探出头询问："老头子走了没有？"没想到和乾隆帝打了个照面。乾隆帝笑着说："老头子还在这里。"

纪晓岚连忙从桌下爬出来，一个劲儿地磕头向乾隆帝请罪。乾隆帝质问道："你为何称呼我为'老头子'？"纪晓岚灵机一动，说："'老'字取万岁之意，'头'字因陛下为天下之首，'子'则是龙之象征，'老头子'实为对陛下至高无上的尊称。"

另有一次，乾隆帝想要考校一下纪晓岚的智慧，便问他："你认为竹篮有何用途？”纪晓岚答道：“用来盛装东西。”乾隆帝继续问：“为何不盛装南北之物？”纪晓岚回答：“东方属木，西方属金，木与金皆可置于篮中，故称‘装东西’。南方属火，北方属水，火会烧毁篮子，水则会漏出，因此不能盛装南北。”

纪晓岚以其敏捷的思维和独到的见解，又一次巧妙地使自己从困境中解脱出来。

在生活和工作中，我们经常会遇到各种突发情况，具备高度随机应变能力的人往往能够冷静应对，灵活处理，从而稳稳掌控场面。下面给出三种应对突发情况的“权宜”之计。

1. 冷静应对尴尬局面。

不管遭遇什么样的意外，首先都要保持高度的冷静，不要自乱阵脚。一位商人和客户谈一笔生意。在谈到价格时，客户直接揭穿商人所谓的“价格底线”，并给出了一些证据，证明商人给另一位客户的价格很低，而给他的价格却很高。

报价本是商业机密，不知道是哪个环节出了问题，从而泄露了出去。商人没有慌乱，而是积极开动大脑，想出了一个听上去合情合理的借口：“之所以给另一位客户报价低，是因为不负责售后服务。另外，在货品质量上也有高低之分，不能单纯看报价。”客户接受了这个解释，谈判由此顺利进行下去。

试想，假如这位商人不够冷静，表现紧张，很可能无法很好地应对这个局面。那样的话，不仅让自己陷于尴尬，也会给自己的商业信誉带来影响。

2. 借题发挥解危机。

一次阮籍和几个大臣正在陪皇帝说话，突然，一名侍者前来报告:“有人杀死了母亲。”阮籍的言行向来出人意料，听到此消息后，脱口而出:“杀父亲也就罢了，怎么能杀母亲呢?”此言一出，在座之人为之哗然，认为阮籍违背了“孝道”。

阮籍立刻意识到自己可能陷入了困境，如果不迅速补救，会被围而攻之。他急中生智，解释道:“我的意思是说，禽兽只知道母亲而不知道其父。杀父的人，就像是禽兽一般，而杀母，就是连禽兽也不如了。”通过这个简单的比喻，阮籍巧妙地转变了主题，平息了众怒。

事实上，在我们说错话、办错事后，经常也会借助比喻、借题发挥来化解困局。当然，要做到这一点，不仅需要具备敏捷的思维，还需要有丰富的知识储备。

3. 把错误转化成正确。

在某些情况下，说错话后不仅不宜纠正，还要不能承认。这时，要根据具体情况顺水推舟，将错就错，把错误转化为正确。

例如，在公开演讲中，如果突然忘记了下面要说的话，最好不要停下来承认错误，因为这会让观众感到失望和失去兴趣。正确的做法是，将错就错，将停顿当作演讲的一部分，让观众认为是为了突出和渲染气氛而做的安排。

《孙子兵法》说:“故兵无常势，水无常形。能因敌变化而取胜者，谓之神。”计划往往赶不上变化，在战场上，经常会遇到一些突发情况，能够根据敌情的变化而灵活运用战术，不拘泥于某种固定的作战模式，可以称得上用兵如神。

同样的道理，在生活与工作中，一个人如果能够在意外发生时保持冷静，并根据实际情况做出有效的应对，将意外带来的负面影响降至最低，那他就是当之无愧的办事高手。

第 8 计

进退计

——张弛有致办稳事

进与退并非对立，而是相辅相成的艺术。现实生活中，若能掌握“进退计”的精髓，办事时就可以进退得法，知道何时采取进攻策略，何时采取后退的策略，从容不迫，应对自如。

难办的事，要量力而行

在求人办事时，我们应该放下那些虚无的面子。因为真正的“有面子”不是来自表面的虚荣，而是来自个人的能力和成就。

如果你办不成某件事，并不丢人，它只说明你的能力或资源有限。但如果你答应了别人的请求却没能兑现，那问题就不仅仅是面子或自尊的问题了，而是涉及你的诚信和人品。

面对别人的请求，尤其是当不确定自己能否完成时，应该先进行仔细分析，客观评估自己的能力和资源。过度的自信或夸大自己的能力可能会暂时赢得信任，但一旦事情没有按计划完成，则可能会损害人际关系，甚至导致信任的破裂。

有一位教授学识渊博、气质儒雅，在教学之余，他兼任了一家公司的经理一职。

一天，一位杂志社的主编到教授家中拜访。教授以他一贯的热情接待了这位主编。他们的对话从礼貌的问候开始，随后转入了正题。主编提出，杂志社计划举办一项文化活动，旨在提高影响力并寻求资金支持，希望能得到教授的支持。

教授在仔细听完主编的想法后，脸上露出了一丝微笑，并点头表示赞同。他说自己的许多学生现在已成为企业和部门的领导，他们支持他当前的事业。最后，教授郑重地承诺：“请相信我，我一定能够说服我的学生提供赞助或广告支持。”

主编听了，深受鼓舞，开始积极地筹备活动，四处奔波，动用一切关系，邀请了许多知名人士来支持这次文化活动。但是，就在活动即将开始的时候，教授突然消失了。他之前承诺的赞助款也并未兑现。杂志社投入了大量的时间和金钱，却面临着失信于人的尴尬处境。

事后，教授羞愧难当地说：“为了拉到赞助，我不知说了多少好话，跑了多少路。那些人都是嘴上答应得好，但到了关键时刻，却找不到人了。”

信誉是一种宝贵的人格力量，一旦失去就难以挽回。因此，我们应该信守承诺，同时，我们也要慎重行事，只有在确定能够做到的情况下才许诺，不要在不确定的情况下轻易许诺。

办事应该量力而行，不要轻易许诺。最了解自己的人是自己，我们清楚自己的能力范围，知道自己能承担多大的责任。有些人喜欢虚张声势，即使能力有限，也总是轻易承诺。朋友一请求，就拍胸脯保证，但实际上却可能无法履行承诺，最终误人误己。

办事千万别逞强，需要实事求是，办不了就是办不了，不要打肿脸充胖子。要合理评估事情的难度。办不了的事，要如实告知，避免浪费双方的时间和精力，若觉得事情可行，也要量力而行，不可为了所谓的面子而逞强。

张弛有度，不要猛冲猛打

求人办事就像是一场精心布置的棋局。在这场棋局中，会遇到各种意想不到的挑战和难题。只有那些心态平和的人，才能在这场较量中取得最后的胜利。

有时候，我们在办事时会显得非常急躁，希望对方能立即开始处理我们的请求。如果对方没有在短时间内有所行动，我们就会变得焦虑不安，一遍又一遍地催促，最终让对方感到不胜其烦。殊不知，对方正面临一些我们不知道的困难，需要时间来权衡和处理，或者因能力和资源有限，感到无能为力。

不论是哪种情况，既然有求于人，就要给予对方充分的信任、足够的时间和空间，不要一上来就猛冲猛打，打乱了对方的节奏，让人觉得不懂规矩。凡事都要讲究循序渐进，如果做事一味追求速度，逆其道而行之，反而可能会离目标越来越远。

迈克尔·舒马赫是世界上优秀的F1赛车车手，有人曾问他："你认为赛车最重要的技术是什么呢？"舒马赫回答："是刹车。"的确，在追求速度和效率的同时，知道何时减速、何时停止，是取得成功的重要一环。

在办事的过程中，也需要这样的"刹车"智慧。不要一味追求速度，要懂得适时放慢脚步，让事情按照其自身的节奏发展。具体来说，就是要做到以下三点。

1. 给情绪刹车。

情绪有时就像是一匹脱缰的野马，让我们在办事时失去理智，做出冲动的决策。如果我们能够学会在办事时给情绪踩一脚刹车，那么办事效率和结果都会得到很大的提高。

首先，我们要关注自己的情绪。有时候，我们可能会因为一时的愤怒或失望而做出错误的决策，这不仅会影响我们的办事效果，还可能损害我们的人际关系。因此，我们需要时刻关注自己的情绪。

其次，要学会控制自己的情绪。在办事的过程中遇到困难和挑战时，可以通过深呼吸、冥想等方式来放松自己，缓解情绪的压力。只有冷静下来，认真分析问题的根本原因，才可能找到解决问题的方法。

2. 给欲望刹车。

我们常常被内心的贪婪驱使，误以为更多的物质能带来自由和满足。然而，现实往往并非如此。当我们不断追求更多，却发现快乐并没有如期而至，那种匮乏感依然如影随形。

老子曾说："故知足之足，常足矣。"真正的满足来自内心的富足，而不是外物的堆砌。我们真正需要的并不多，往往是不恰当的比较让我们误以为需要更多。我们以为自己在拥有世界，却不知过度追求物质只会让我们成为它的奴隶。

在办事的过程中，学会给自己的欲望踩一脚刹车，减去那些不必要的追求，才能让我们的步伐更加轻盈，处世的节奏更加稳健。

3. 给执念刹车。

人生中有三件事：自己的事、他人的事和老天的事。若不能分清楚它们，往往会陷入执念，与自己和他人较劲。

有些人尚未处理好自己的事情，却热衷于干涉他人事务。他们自认为善意满满，应该得到他人感激，但实际上往往得到的是对方的反感。

在人际关系中，即使关系再亲密，也需要尊重彼此的界限，给予对方自由空间。过度干涉他人，试图控制他们的行为，不仅为难他人，也给自己带来麻烦。

放下对他人事务的过度关心，是对他人的尊重，也是减轻自己负担的方式。正如古语所说："人生不如意之事，十之八九。"面对糟糕的境况，我们有时无力改变。如果固执己见，只会让自己陷入痛苦。不如换个角度思考，灵活应对，问题往往能迎刃而解。真正的办事高手，是在放下执念后，以更明智的方式重新应对。

有一位作家曾说："驾驭人生犹如开车，懂得刹车远比只会加速和操控方向盘更重要。"不论做什么工作、办什么事，适时地因人因情调整步伐，该进时进，该退时退，并懂得在关键时刻急刹车。如此，才能在张弛之间找到平衡，从而把事情办好、办实。

适时降低自己的“期待值”

在办事时，需要保持乐观的态度，但同时要有现实的期望，千万不要对某事某人抱有不切实际的期待。许多时候，期待值越高，失望值相对也越大，一旦结局不遂人愿，心里难免会产生巨大的落差感。

每个人心中都有一杆秤，让心中的秤砣变小，它所称出的物体就会变大。如果你想得到别人的认可，首先需要降低他们的期望值。

比如，一名员工表现突出，向经理提出每月涨薪800元的要求。经理考虑后决定给员工加薪500元。和员工交谈时，经理先这样说：“你知道，现在市场不景气，公司整体利润不高，你要体谅公司的难处。”听到这里，员工脸上显露出失望的神色。经理继续说道：“不过鉴于你的表现，经过领导研究，决定给你涨500元。虽然没有达到你的要求，但是公司也是做了最大努力的，希望你理解。”员工听后连连点头。

这种谈判技巧在现实生活中很常见。经理先是降低员工的期望，待对方灰心失意时再适时一转，取得了峰回路转的效果。

女演员白鹿曾说：“把期待值降到最低，所有遇见的都是礼物。”这句话在丹麦童话故事《老头子做事总不会错》中得到了生动的体现。在这个故事中，一对贫穷的老夫妻决定卖掉他们唯一的财产——一匹老马，以换取更实用的东西。老头带着马去了市场，依次用马换来了母牛、羊、肥鹅和母鸡。最终，老头带着一袋已经开始腐烂的苹果回到了家中。

尽管老头带回的东西越来越不值钱，但是老太婆却始终保持乐观和喜悦。她没有因为交易的物品价值下降而感到沮丧。她信任老头的每一个决定，并坚信无论老头带回了什么，都是她所期待的一份礼物。

这个故事说明，当我们将期待值保持在合理范围内时，生活中的每一次经历，无论好坏，都可以被视为一种恩赐。

在办事时，要学会合理调整自己的期望值，便于自己做出更明智的决策，更好地应对可能出现的情况。为此，要把握好以下几点。

1. 了解自己的期望。

我们对他人的期望往往源于我们自身的需求和期望。只有深入了解自己的需求和期望，才能更清楚地判断这些期望是否合理。过高的期望可能会导致我们对一个人的评价期许和严苛，甚至由此会产生失望和沮丧。因此，了解自己的需求和期望有助于我们更客观地评价他人，进而调整我们的期望，避免不必要的失望。

2. 理性评价一个人的能力。

在我们评价他人的能力和办事水平时，往往会受到自己对他们的认知和情感的影响，但是这些认知可能并不总是准确的。我们需要用一种理性的眼光去看待他们的能力和水平。

想象一下，你正在评价一个朋友的工作能力。如果你能摆脱个人情感的影响，用客观的眼光去看待他的表现和潜力，往往能够较准确地评估他的实际能力，而不是被自己的期望左右。

3. 不要高估任何关系。

许多人面临学业、职业或家庭问题时，倾向于寻求他人的帮助来解决问题。他们可能认为，有了所谓的“能人”，上学时的户口问题就能轻松解决；有了良好的人脉，工作中的难题就能迎刃而解；在家庭遇到困难时，向生活状况更好的亲戚求助就能解决问题。

但有时候现实是残酷的，我们在别人心中的实际地位可能并不如我们所期望的那样高。如果我们不切实际地寄希望于他人的帮助来渡过难关，我们可能就高估了与对方的关系。许多时候，别人帮助你是一种情分，不帮助你则是一种无可厚非的本分。

苏格拉底说过一句话："只期待少许，才能接近最高的幸福。"适当地降低欲望、降低期待，甚至断掉一切不必要的念想，才不会让自己白白浪费心情，活在焦虑的迷惘之中。

放下面子，争得实惠

爱面子是中国人的特点，所谓“天大地大，面子最大”。现实生活中，有的人越是缺乏实力，就越是在意面子，越倾向于通过炫耀来塑造一种自己很有能力和地位的假象。这种追求表面荣耀的行为，往往会导致他们做出不符合内心真实想法的事情，从而使自己陷入尴尬或两难的境地。

古时候，有一个非常爱面子的读书人，虽然家境贫寒，却从来不说自己缺钱。一天夜里，一个小偷潜入了其家中，发现家徒四壁，一样值钱的东西都没有，失望之余，不禁咒骂道：“真倒霉，原来是个穷鬼！”

读书人听见了小偷的咒骂，心里很不是滋味，急忙从床头摸出仅有的几文钱，追上小偷，诚恳地说：“你来得不巧，请把这钱拿去。不过，你到外面给我留点面子，千万不要说我家穷啊！”

维护个人尊严和体面是人类社会中的普遍情感，适当地关注面子是人之常情，正如俗语所说：“人要脸，树要皮。”每个人都渴望得到他人的认可和尊重，希望被高看一眼，甚至获得他人的仰视。

然而，如果为了维护面子而到了“打肿脸充胖子”的地步，或者故意装腔作势，那就可能走向了极端。当面子成为一种负担，它就会束缚我们的行动。

观察那些成功人士，我们会发现，他们不仅具备卓越的个人能力，而且擅长处理人际关系，似乎拥有一副坚韧的面皮。特别是在面对挑战和难题时，他们懂得适时放下身段，勇于寻求他人的帮助。

这种能力的背后，体现了他们独特的办事哲学。他们认为，求助他人只是一种策略，并不意味着自己能力不足。他们深知，人生难免会遇到各种挑战，寻求他人的帮助是人之常情。他们的行为展示了一种成熟的处世之道，以大局为重，不拘小节。

他们办事时看似不太注重面子，实则是一种智慧的表现。他们认为，面子不是固定的资产，在适当的时候放下面子，是为了更好地把握机会，实现更大的价值。

严介和是前太平洋集团董事局主席，他曾深刻地表达对脸面的看法：“什么是脸面？我们干大事的从来不要脸，脸皮可以撕下来扔到地上，踹几脚，扬长而去，不屑一顾。”他不将自己置于过高的位置，不对脸面过分看重，甚至将其视为无物。

任正非曾说：“只有不要脸的人，才会成为成功的人。”这里的“不要脸”，并非指无理取闹或无底线的行为，而是指不受外界评价的影响，坚定自己的信念，勇于面对自我，敢于超越自我。说白了，就是能拿得起，放得下。

知名演员郭冬临曾在《有事您说话》小品中饰演一个角色——一家公司的普通职员。为了在同事面前展示自己的“实力”，他不断地吹嘘自己在铁路部门“有人”，能买到别人买不到的车票。其实，他根本不认识铁路部门的人。

当同事老牛需要两张车票时，为了维护自己的面子，他毫不犹豫地答应帮忙，然后他穿着军大衣，带着小马扎和棉被，去火车站排队买票。然而，当轮到他时，车票已经售完了。他没能买到车票，但为了不让同事失望，他选择了自己掏腰包购买高价票。

当老牛来取票时，他请求妻子不要揭穿他的谎言。当他告诉老牛自己搞到了五张车票时，老牛表示还需要三张。他顿时后悔说出的话，但话已出口，不便收回，于是只好硬着头皮答应下来。

单位的科长听说他与铁路部门有关系，也找上门来，希望他能为单位弄到几节火车皮。面对科长的要求，他的妻子忙为他推辞，并揭穿了他的谎言。然而，科长并不相信她的话，反而夸他有本事。此时的郭冬临进退两难。

现实生活中，有很多这样的"郭冬临"，他们为了表面的风光死要面子，受罪受累不说，还可能会因此付出一定的代价，实在得不偿失。过于爱面子的人往往是因为内心的软弱、不自信，因此才需要用面子来证明自己，而内心强大的人并不特别在意是否丢了面子。

在《不可随意疯狂的这一生》这本书中有这样一段话："要面子是人骨子里的自然品性，每个人都有，没有什么不同或不妥，之所以有区别，那是因为，有人为了更有面子而放下面子，而有的人是为了死要面子而丢了面子。"

在人生路上，那些真正懂得如何处事和有能力解决问题的人，往往更注重内在的成长和自我提升。他们通过不断学习、实践和反思，使自己变得更加坚强和有能力。他们深知，真正的实力和自信来自内心的充实和不断的努力。

相反，那些智慧不足的人可能会过分关注外在的面子问题。对于他们来说，面子成为他们的一种心理负担，越是重视，面子就越像一个沉重的包袱，紧紧地束缚着他们的思维和行为。所以，应该学会放下不必要的面子负担，专注于内在的成长。通过提高自己的能力和素质，建立起真正的自信，进而在生活和工作中更加游刃有余。

学会止损，避免无谓消耗

《孙子兵法》中说："其用战也胜，久则钝兵挫锐，攻城则力屈，久暴师则国用不足。"什么意思呢？在战争中，如果能够迅速取得胜利，军队的士气和战斗力将会保持高昂，但如果战争拖得过久，军队就会逐渐疲惫，锐气也会受到挫折。在攻城战中，如果长时间围攻而未能攻克，军队的体力将会耗尽，国家因为战争而消耗的资源也会变得不足。

因此，如果不能确保取得胜利，应该果断调整策略，避免进一步造成资源浪费和士气打击。说得浅白一点，就是要学会及时止损。

生活中，无论多么有本事的人，都不可能做到每一次决策都毫无瑕疵。当意识到自己办错了事、走错了路，要有勇气承认并放弃，避免损失扩大。在心理学上，这被称为"鳄鱼法则"。它很容易理解。想象一下，如果你被一只鳄鱼咬住了脚，你会怎么做？大多数人可能会本能地挣扎，试图摆脱鳄鱼的咬合。但这样做可能会让鳄鱼咬得更紧，甚至可能会伤到你的手或其他部位。那么，在这个关键时刻，你会选择继续和鳄鱼搏斗，还是果断地放弃被咬住的脚，保护自己的生命安全？显然，应该舍弃被咬住的部分，而保住性命。

这个法则不仅在心理学中有所应用，在经济学和教育领域也是一个重要的原则。它教会我们在面对困境时，勇于放弃是最好的选择。特别是当事情开始变得糟糕时，不妨停下来，用鳄鱼法则来指导自己的决策。有时候，放弃并不是失败，而是一种智慧，它能帮助我们避免更大的损失。

著名心理学教授亚科斯曾说："我们人生中90%的不幸，都是因为不甘心引起的，这也是很多人不懂得及时止损的原因。"的确，当我们在一件事上投入了大量的时间和感情后，想要退出难免会心有不甘。为什么？因为"沉没成本"。

"沉没成本"是指那些已经发生且无法回收的成本。在经济学和商业决策中，这些成本通常指的是已经投入且无法通过未来的决策改变的成本。因为它们已经"沉没"了，所以不应该影响未来的决策。例如，如果你买了一张电影票，但看之前获知电影不好看，这时你应该考虑放弃观看，即使你已经支付了电影票的费用。这张电影票的费用就是沉没成本，它不应该影响你是否继续观看电影的决策。

"沉没成本"，本质上是一种历史性的支出，它不应该影响到当前或未来的决策。如果明知道自己已经走上了错误的道路，却不及时止损，可能会导致双倍甚至更高的损失。

有时，停止才是最好的进攻。比如，在股票交易或者证券交易当中，大多数的时候风险是比较大的。往往很多人能够在证券交易当中获得良好的收益，多半是因为他们懂得在什么时候停止买入，及时止损，将自己的盈亏控制在一定范围之内，从而产生长效的利益。

在办事过程中，如果遇到了一些棘手的事，最现实的办法就是先停下来，花些时间冷静分析问题产生的根本原因和相关因素，并进行相应的评估与策略调整。

不说过头话，不做过头事

在许多电影和电视剧中，我们经常看到这样的场景：餐桌上摆放着几盘精心搭配的食物，比如几片切得整整齐齐的面包、几颗鲜红欲滴的草莓、金黄色的梨子，还有半个橙子……有趣的是，旁边的牛奶或果汁总是多半杯，至少留出四分之一的空间。

这种现象并不仅限于影视作品，许多餐厅在为顾客上饮品时，也常常只倒半杯，从不倒满。这并不是商家吝啬，而是一种设计巧妙的策略。

你可以亲自尝试下面这个有趣的实验：准备一个透明的玻璃杯，倒入一半牛奶。起初，你可能会觉得这样的量太少了，杯子的一半看起来空空荡荡的。继续倒入牛奶，直到杯中留出四分之一的空间。乳白色的牛奶在杯中轻轻摇曳，四分之一的空间让杯子显得更加剔透，这种视觉上的留白，会让你产生想要一饮而尽的冲动。你可能会一小口一小口地品尝牛奶的香甜，偶尔停下来吃一片面包，这样的用餐体验充满了情调和享受。

商家的这种策略不仅让食物和饮品看起来更加诱人，也增加了用餐的乐趣。它教会我们，有时候，适度的留白可以创造出更多的期待和享受。

如果将牛奶倒得满满当当，甚至溢出杯口，那种美好的感觉就会消失。事实证明，倒得太满不仅容易溢出，而且会减少品尝的欲望。这就是留有余地的妙用，它不仅是一种视觉上的美学，更是一种感受上的美学。

雕刻人像时，鼻尖先留高一点，不像的话再慢慢削减，这是留有余地；做菜时先少放一点盐，不够再添，这是留有余地；新买的裤子，因为太长穿不了，去裁的时候叮嘱裁缝少剪点，以免剪短了，这也是留有余地。说话办事也是如此，给人留有余地，是生活经验，亦是人生智慧。

在《红楼梦》中，平儿作为王熙凤的心腹和助手，在待人处事方面总是保持一定的分寸，为自己留有足够的余地和后路。她没有犯下王熙凤所指责的“眼中只有我，没有别人”的错误，也没有像王熙凤那样做事不留余地。平儿对众人总是谦和有礼，不会仗势欺人。她一方面帮助王熙凤缓解和其他人的矛盾，另一方面也为自己赢得了好名声，为自己留出了退路。

当王熙凤去世后，大观园逐渐衰败，但平儿却多次得到众人的帮助，顺利渡过难关，最终得到了应有的回报。

历史和现实的经验一再告诉我们，凡事不可做绝，而应该时刻为自己和他人留有回旋的余地。正如俗话所说：“不可吃过头饭，不可说过头话。”

首先，在与人来往时，应该保持谦逊和礼貌，不要过于强势或傲慢。即使自己在某些方面比别人强，也应该时刻记住每个人都有自己的优点和特长。

其次，在处理问题时，应该采取灵活的策略，不要过于死板或固执。应该时刻保持开放的心态，愿意接受新的观点和建议，并适时调整自己的计划。

最后，在表达观点时，应该注意措辞和语气，并尊重他人的感受和意见，尽可能地用平和的方式表达自己的观点。

不说过头话，不做过头事，始终为彼此留有空间，这是一种非常重要的处事智慧和策略。所以，在生活和工作中，都要谨记这一点，并努力利用好。

适度妥协，“退”中求进

生活本身就是一个不断学习妥协的过程，因为我们无法事事都按照个人意愿去行事。适当的妥协有助于营造一个稳定和谐的生存环境。所以，人在社会中要学会妥协，在妥协中把事情办好，在妥协中学会成长！

特别是在商业世界中，个人的力量是有限的，为了达成目标，合作是必不可少的，而合作往往需要在妥协与坚持中找到平衡。也就是说，不能一味坚持，让对方做出妥协，也不能一味妥协，不断丧失原则，否则这种合作也不是长久的。真正的合作，一定是在坚持与妥协中不断找寻新的平衡点，以达到一种双赢的局面。这也是办事高手秉持的一种重要的办事策略。

几年前，一家初创的互联网公司面临一个重要的决策。一家业内大公司提出了与这家公司合作的意向，这让整个公司的人员都非常兴奋。

然而，谈判的过程并不顺利。因为初创公司成立不久，大公司提出的条件非常苛刻。在谈判中，对方的态度强势，几乎不允许初创公司提出更高的要求。如果按照对方提出的条件合作，初创公司的利润空间很小。

在讨论会议上，员工们一致反对这个合作提议，认为苛刻的条件让合作变得没有意义。一些员工甚至提出了辞职，认为如果继续合作，公司的原则将无从谈起。

然而，公司的老总最终决定接受合作。面对员工们疑惑的目光，老总解释说："年轻是你们的优点，你们充满朝气，敢于冒险。但在战略和策略上，你们还缺乏经验。虽然这次合作我们盈利极其有限，但我们必须考虑得更长远。对方的公司口碑良好、实力雄厚，对于我们刚成立的公司来说，这是开拓市场、积累口碑的绝佳机会。如果这个项目能够成功，将来我们开拓市场就会容易得多。"

最终，双方签订了合同。正如老总所预测的，这次合作虽然初创公司没有获利，但却赢得了口碑。随后，有几家大公司向初创公司下了更大的订单，公司的业务也越来越多。

事后，几位年轻的员工都对老总的远见和魄力深感敬佩，他们意识到，妥协和让步在必要时是一种策略。只有这样，才能达到共赢的结果。这一经历教会了他们在坚持原则的同时，也要学会适当地进行妥协。

在办事过程中，如果需要做出妥协时，应做好以下几点。

1. 评估目标。

在妥协之前，首先要明确自己的最终目标是什么。如果某些细节的改变不会影响核心目标，那么可以考虑妥协。

在评估目标时，应该思考以下几个问题：自己最关心和最想要实现的目标是什么？次要目标是什么？在核心目标之外，还有哪些次要目标？这些次要目标是否可以调整或妥协，以适应不同的情况或需求？

2. 了解对方立场。

在谈判中，了解对方的立场和需求是至关重要的。这有助于找到共同的利益点，为妥协创造可能。可以通过倾听、提问等方式了解对方的立场和需求。在对方表达完自己的立场后，要用自己的话总结他们的观点，以确保正确理解了他们的立场和需求。

3. 设定底线。

在设定底线前，先要明确自己的核心利益是什么，并要知道这些利益是否值得保护，以及愿意为此付出多大的代价。清楚了自己的底线后，就要思考在哪些方面可以做出妥协，哪些方面是坚决不能妥协的。

设定底线并不意味着要变得顽固。在谈判中，要灵活地调整自己的底线，以适应不同的情况和需求。

4. 坚持原则。

妥协并非意味着放弃原则，也不等同于无条件地让步。在谈判或解决问题时，区分明智的妥协与不明智的妥协至关重要。明智的妥协是一种基于交换的合理让步，它允许在次要目标上做出一定的退让。这种妥协是一种策略，旨在通过暂时牺牲一些小利益来换取更大的胜利。相比之下，不明智的妥协可能是因权衡利弊失误做出了错误决策，或者是坚持次要目标而牺牲了主要目标，又或者是让步的代价过高，导致不必要的损失。这种妥协可能会损害个人或组织的长远利益。

5. 有分寸地让步。

适时地让步是一种策略，它可以在不损害核心利益的前提下，展现出你的诚意和合作态度，有助于双方建立信任并促进合作。在让步时，应该明确地表达你的让步是出于对双方共同利益的考虑，并且让步应该是有条件的。例如，你可以提出让步的条件是对方也做出相应的让步，或者是在未来的某个时间点给予补偿。

我们要清醒地认识到，作为一种重要的办事策略，妥协不是彻底的放弃和投降，更不是让你从头开始，而是让你进退自如，更清楚地认清自己、认清他人、认清所处环境的一种手段。所以，不要总是把自己逼得太紧，总是和他人过不去，顺境时要放马前行，逆境时学会迂回行进。这样，才能把坏事办好、把好事办牢。

第9计

晋升计

——步步为营办好事

在职场中，晋升既是能力的比拼，也是智慧的较量。每一次成功的晋升，都是策略与技巧的完美结合，都是谋略与决断的精彩演绎。

站在上级的视角审视问题

一个人走上领导岗位，与以往最大的不同，不是待遇提高了、手中有权了，而是考虑、解决的问题不同了。领导这个岗位更像是一个复杂信息的处理中心，需要时刻接收和处理来自上下左右各方面的信息。

不可否认，许多人非常专业且才华横溢，也能经常接触到领导层，但为什么没有得到晋升呢？主要是因为他们在看问题、处理问题的角度上与领导层存在差异。

公司的领导可能更关心：公司在行业中处于什么层次？有没有竞争力？如果没有，要如何提高公司的核心竞争力？而普通职员更在意：下个月能不能按时发工资？要不要和老板谈加薪的事情？老板为什么总是针对我？等等。因为立场、视角不同，普通员工常常会把自己置于与领导、老板对立的位置。

人与人之间的智力虽然有差别，但从整体来看，不会差太多。一般来说，经常能够站在领导的视角看问题的人，经过一段时间的历练，眼界和思维都不会太低。

来看一个古代的案例。

在曹操大军压境、威胁东吴的时候，孙权面临着一个重要抉择：战还是降？在这个关键时刻，朝廷内的多数大臣倾向于投降，理由是曹军强大，东吴无力抵抗，刘琮已经投降，谈判可能会获得更为有利的条件。

然而，鲁肃却持有不同的观点。他趁孙权上厕所的时候跟出来，神情严肃地对孙权说：“主公，我们都可以选择投降，但您不能！”孙权好奇地问：“这是为何？”鲁肃直截了当地说：“我们做臣子的，换个主公，官职依然可以保留，家财利禄都有保障。然而，您投降后，又能做什么官呢？”孙权听后，沉思片刻，瞬间明白了鲁肃的深意。

这个例子中，鲁肃比其他人看得更加长远，且能站在孙权的立场，分析他降与不降的利弊，让孙权清晰地认识到自己的处境，从而做出更有利的决策。

在现实中，站在领导的立场考虑问题，不但能赢得其信任与支持，而且能快速提高自己的认知水平与办事能力。

李敏和杨帆是好友，同在一家跨国公司任职。两年前，李敏的级别比杨帆高。如今，杨帆经过两次破格提拔，成了李敏的领导。杨帆刚上任时，曾虚心地请教李敏：“我没做过领导，好多事情不太懂，您经验丰富、水平高，还请您多多赐教啊！”

李敏笑着说：“不必担心，我相信你很快就会胜任，并且水平会高出我很多。”杨帆以为对方在开玩笑，其实，李敏是非常认真的。半年后，李敏的话应验了。杨帆在新的领导岗位干得有声有色，办事能力提高很快。

这种现象在职场中比较常见。当一个人被提拔后，只要学习能力不成问题，其看问题的眼界、办事的能力往往会得到快速的提高。这是因为在获得晋升后，通常会面临更具挑战性的任务和更高的工作要求。为了胜任新的职位，需要不断学习和适应新的工作环境，提高对新岗位的理解和把控能力，时间长了，视野和能力自然也提高了。反之，即便资历不差，但因为没有进入领导岗位，不能在更广的层面上锻炼和提高自己的认知水平，对一些问题的认知就很难达到领导的高度。

由此可见，要想成为将军，先得像将军一样思考。也就是说，要想晋升成为领导，先要学会站在领导的视角、立场思考问题，只有这样，才能尽快提升自己的认知，提高办事能力。那么如何站在领导的视角、立场看问题呢？有以下几个方法，不妨一试。

其一，充分收集和利用各种信息。

真正有价值的信息来源广泛，不限于正式的文件和会议报告，还包括非正式场合的交流，如工作之余的闲聊。这些非正式场合的信息往往更加重要，因为许多关键信息会在轻松的对话中不经意地透露出来，而书面材料为了完整性，往往会涵盖大量细节，导致重点不突出。

为了弥补与领导之间的“信息势差”，需要采取多种措施。首先，要充分利用能接触到的内部参考资料，认真阅读并深入分析，找出其中蕴含的有价值的信息。其次，参加会议时，要全神贯注地聆听并认真记录，不要错过任何有价值的信息。最后，要及时整理和分析收集到的信息，以便更好地理解并做出相应的行动。

其二，根据领导的指示和意见进行判断。

平时，要与领导建立紧密的关系，并寻求机会与他们进行一对一的交流沟通。通过这种方式，能够从领导那里获得许多重要的信息，便于对问题进行判断和后续的行动。为了确保信息的准确性和完整性，最好随身携带笔记本，以便随时记录领导的重要指示和意见。如果不允许记录，就用心记住，并在沟通后第一时间整理出来。

其三，将领导的意见与自己的工作结合起来。

仔细研究领导修改过的稿件，可以深入了解领导的工作思路和要求。在这个过程中，要认真对比原稿和修改稿，仔细分析领导修改的每一个细节。注意领导在修改过程中添加、删除或修改的内容，理解其背后的意图和目的。理解透彻领导的工作思路和要求后，将领导的修改意见与自己的工作实际相结合。针对领导提出的问题和建议，及时调整和完善自己的工作，确保符合领导的期望和要求。

职场中有句话叫“老板是你最大的客户”，它提醒我们，无论身处哪个职位，与上司和老板保持同步思维和节奏至关重要。理解他们的需求，关心他们所关注的问题，这样才能抓住更多的机遇，为晋升铺平道路。

主动出击，把自己推销出去

每个人都想变得出类拔萃，然而，即便自己有千般本事、万种才能，如果无人发现和赏识，那也只能独自哀叹了。正如古人所云："千里马常有，而伯乐不常有。"如果没有伯乐的慧眼识珠，你是选择默默无闻地沉寂，还是积极寻找机会，将自己推向更广阔的天地呢？

职场人士大致可分为三类：第一类人默默耕耘，不愿过多地展示自己的想法和需求；第二类人只说不做，他们的想法和诉求仅停留在言语层面；第三类人既努力工作，又能恰如其分地表达自己的想法和诉求。

显然，第三类人最有可能抓住机遇。他们不仅具备扎实的工作能力，还能有效地传达自己的观点和需求，使领导对他们的工作和价值有更深的认识。让我们从古人推销自己的智慧中汲取经验，看看他们是如何在众多竞争者中脱颖而出、赢得机会的。

毛遂是赵国贵族平原君赵胜的一位门客。起初，他默默无闻，未受到平原君的重视。公元前259年，秦军围困赵国都城邯郸，局势岌岌可危。

大敌当前，平原君奉赵王之命，前往楚国求援。在挑选随行的门客时，平原君发现还差一人。这时，毛遂主动站了出来："毛遂不才，愿意前往。"

在平原君众多的门客中，毛遂一直不显山不露水，所以平原君对他并不熟悉。为了试探他，平原君问道："先生在我门下有多长时间了？"毛遂说："已有三年。"平原君笑了一声，说："我听说有才能的人，无论在哪里都会像锥子放在口袋里一样，很快露出尖来。先生在我这里待了三年，却表现平平，你还是不要去了。"

毛遂听了之后，冷静地回答："问题在于，您一直没有把我放在口袋里，否则我的才能早已像锥子一样露了出来。"平原君听后，觉得此人思维敏捷，遂答应让其随行。

在楚国，毛遂凭借出色的智谋和口才，成功说服了楚王答应出兵解救赵国，此举不仅挽救了赵国，也使毛遂声威大震，并因此获得了"三寸之舌，强于百万之师"的美誉。

毛遂的成功并非运气使然，而是他准确地把握住了时机，在平原君面临困境而又束手无策时挺身而出，展现了自己的才华。这种自我推荐的勇气和智慧，值得我们重视和学习。

无论是古代还是现代，很少有领导会放下身段，来殷殷垂询下属的"精辟"见解或者光辉业绩。因此，职场人士在适当的时候，应大胆展示自己的能力和价值，让对方注意到你的亮点，这是职业发展中的关键一步。

在向领导推荐自己时，应注意技巧和策略。直接提出要求可能会让领导觉得你不识大体。如果给领导留下了这样的印象，自然不会轻易提拔你。因此，展示自己时，应避免直接谈条件，而是要通过恰当的方式展现你的价值。

1. 认清自己的硬核指标。

要获得晋升，往往需要走一套流程和规矩，这是为了显示决策的公开、公正、公平和透明。为了确保晋升的公正性和合理性，通常会有一些硬性的指标来评估候选者的资格，比如学历、职称、年龄、工作年限、过往业绩等。

如果你的多数硬性指标不符合要求，那么想要晋升，会面临一定的困难。这种情况下，除非领导愿意承担提拔你之后可能带来的负面影响，或者你的表现确实亮眼，让众人信服，否则，领导不会冒险提拔你。

所以，在推销自己之前，一定要清楚自己是否具备所要求的硬性指标。如果发现自己多个硬性指标都不具备，就不要急着开口，免得让领导为难。

2. 建立良好谈话的基础。

如果平时与领导缺少沟通，相互间没有良好的关系和互动，那么关键时刻向领导张口会显得很唐突，效果也多半不会好。因此，要尽量避免像这种“临时抱佛脚”的做法。很多人都有这样的经历：看到某个职位空了出来，觉得自己挺合适，于是主动和领导套近乎，委婉表达自己的意向。结果，领导也只是说一些场面话，让你感到些许希望。实际上，晋升的希望非常渺茫。

由此可见，向领导推销自己，要有长远的规划，功课要做在平时，即多与领导建立良好的互动，获得领导足够的信任，这样，在关键时刻谈晋升，更容易得到其认可与支持。

3. 委婉表达“想进步”的意愿。

主动向领导表达“想进步”的意愿至关重要。这不仅是一个展现自己积极进取态度的机会，更是给予领导一个向你“施恩”的契机。如果你不表达自己的这种意愿，领导又怎么知道你非常渴望进步呢？

在表达“想进步”的意愿时，要注意时机与场合，避免在公共场合或是领导繁忙的时候提出。措辞上也要委婉些，不宜直来直去，这样即便遭到拒绝，也不至于尴尬。

4. 表达清楚自己的诉求。

既然是谈晋升，就要有自己的想法，如要求什么职位、什么岗位、具备哪些优势、有什么具体要求等都要表达清楚，话不一定要全说，但领导关心的问题则一定要说清楚。

在关键问题上，如果表达不清、含糊其词，领导会觉得你没有自信，是来试探的，如此回应你的也只有“呵呵”了。比如，你想争取销售部主管一职，就要明确地表达自己对这个职位的兴趣，不要一会儿说“如果有机会就挑战一下”，一会儿又说“如果没有合适的人选，我愿意试试”，意愿不明确，让领导去猜你的心思，那就不会有下文了。

5. 主动给领导“画饼”。

在向领导推销自己时，要懂得运用“画饼”策略。但这个“饼”并不是空洞的承诺，而是要结合自己的能力和对未来的规划，展示出自己的价值和潜力。

首先，这个“饼”要体现高标准、高质量的要求。这意味着你需要展现出自己在工作中的专业素养和技能，以及对未来的规划和追求。

其次，这个“饼”要突出高效率、严要求的特点。你可以在“饼”中强调自己的工作效率、自我管理能力以及对细节的关注，让领导看到你的严谨和认真。

最后，这个“饼”要体现出勇于担当、狠抓落实的原则。这意味着你需要展现出自己的责任心和执行力，让领导相信你有能力把计划转化为实际的行动，并能够为公司带来实际利益。一旦领导被你的“饼”打动，权衡利弊之后，你的晋升申请更有机会获得支持。

除此之外，还要考虑领导提拔自己可能给他带来的风险。很多人忽略了这一点，是因为不能理性地站在第三者的角度审视自己。一般来说，领导提拔下属时，会有强烈的风险意识，不是说你这个人能力强，就一定会重用你、提拔你。事实是，即便你能力很强，但办事不靠谱，或是作风有问题，抑或是个潜在的“定时炸弹”，那么领导在提拔你时会慎之又慎；相反，如果你为人不错，办事靠谱，即便能力差了点，也容易得到领导的培养。

未雨绸缪，不断提升领导力

衡量领导力强弱的关键不在职位，而在于办事的能力。不用求助他人，自己就能够将问题解决的人可以称为牛人，能让他人解决问题的人是管理者，而能够动员一帮人共同解决问题的人才算得上是领导者。

特别是在职场中，一个人能办多大的事，往往决定了他应坐什么样的位置。为了晋升或追求新的事业高度，有的人可能做过无数次演讲，学习了很多管理知识，甚至复刻了许多成功人士的“经验”，但始终未能如愿。究其原因，还是办事能力差。

一个人适不适合做管理，是否具有领导力，往往从一些小事上就可以看出来。领导力强的人有一个共性，就是善于未雨绸缪，准备工作做得非常充分。如此一来，说话办事就周全，能充分照顾到各方，让事情得到妥善解决。

比如，你要请几个同事吃饭，大家拿不定主意到哪儿吃。在这种情况下，也比较能体现你的领导力。如果你直接提议：“咱们就去那家新开的火锅店吧。”通常，没有人会提出反对意见，甚至大家会口头上应和“好啊！好啊！”如果你知道小李不吃辣，小张不吃肉，而小刘与小赵最近热衷于探讨工作中碰到的一些棘手问题，那么你可以把选择权交给大家：“你们推荐一家菜不辣和素菜较丰富，而且就餐环境比较好的饭店吧。”如此，你的领导力就展现出来了。下次请客吃饭，大家自然还会赏你的脸。

很多人整天急迫地想着晋升，但是，真正给他们一个位置，却未必能坐得稳。因为能力欠缺。反之，如果你办事能力强，有领导思维，不但下级会支持你，上级也会信任你，肯授权给你。当然了，平级也无法取代你。

不论是普通职员，还是管理人员，要想获得晋升，除了要有领导思维，更要有不断提升办事效率的能量。具体来说，这种能量体现在以下三个方面：

首先，要懂得如何发动别人去做事，而不是自己亲力亲为。

优秀的领导者如同一位指挥家，能够洞察团队中每个人的优势与弱点，然后将他们巧妙地组合，发挥各自优势，最终演奏出和谐的乐章。同时，还能够建立起相互信任的关系，让团队成员愿意为共同的目标而努力奋斗。

其次，要看得清方向，知道多数人适合或愿意做什么。

对于一个团队来说，方向非常重要。如果方向错了，那所有的资源投入和努力都会是竹篮打水——一场空。很多人有这样的感悟：小的方向错了，可以及时调整，如果大方向错误，可能整个团队的付出和努力就会前功尽弃。这就像在高速路上开车，不能只盯着车前的几米，而必须看清前方几十米、几百米的情况，否则会很危险。

如果给你一个团队，你找不到前进的方向，不知道大家在想什么、能干什么，即便你天天去“扛锄头，挖战壕”，也是没用的，是无法领导团队做出一番成就的。

最后，要能够走在前面，帮助成员扫除障碍。

看过冰壶比赛的人会注意到这样一个细节：在比赛中，当一名选手掷球时，另外几名队员会在冰壶滑行的前方快速擦拭冰面。为什么要这么做？为的是让冰壶能够准确到达营垒的中心。擦拭，可以理解为扫除影响冰球前行的障碍。其实，培养领导力也要拥有这样的思维，即要能走在前面，帮助团队成员扫除前行的障碍。这些障碍可能是抗拒变革的人、墨守成规的人，也可能是过时的制度，或者是可能会带来干扰的其他一些事情。

提升领导力不只是高管的事情，甚至与职位无关，而是为了更好地解决工作问题、组织问题，甚至是人生难题，并由此提高个人的影响力，获得更多的信任与支持，让自己在职场中、人生路上有更好的发展。

做个领导眼中靠谱的人

对于任何一家公司来说，除了不可预测的外部挑战，领导者的战略失策和人才选用失误往往是企业衰落的“罪魁祸首”。因此，明智的领导者会精挑细选，确保团队成员的可靠性。

很多人听说过“诸葛亮挥泪斩马谡”的故事。在蜀汉的北伐中，诸葛亮任命马谡为先锋，负责镇守至关重要的街亭。然而，马谡到达街亭后的表现，却让诸葛亮的期待化为泡影。

马谡在街亭的部署，完全背离了诸葛亮的战略意图。马谡狂妄自大，不听从副将王平的劝告，一意孤行地将大军置于远离水源的街亭山上。这样的决策，无疑给蜀汉的北伐大业带来了巨大的风险。

果不其然，魏将张郃凭借其过人的军事才能，指挥魏军迅速攻占了街亭，使得诸葛亮的北伐计划瞬间陷入困境。这一次的失败，让诸葛亮最寄予厚望的北伐行动化为泡影，不得不无奈地撤军回汉中。

为了整肃军纪，平息朝野的议论，诸葛亮痛下决心，处决了与自己关系密切的马谡。在斩杀马谡后，诸葛亮悲痛地说：“吾用谡错矣。”用现在的话说，就是诸葛亮用了一个办事不靠谱的人。

靠谱的人，简言之，就是可以信赖和依靠的人。靠谱的人考虑问题周全，处理问题积极主动，遇到问题会主动汇报和反馈，能够妥善解决问题，出错的概率低。这样的人在团队中往往给人留下可靠的印象，通常会得到领导的良好评价，晋升的机会也比其他人要多。

那么如何成为领导眼中办事靠谱的人呢？主要把握好以下几点。

1. 做事有条理。

知道什么事情要优先做，什么事情可以同时做，什么事情交给什么人做。虽然很忙，但是忙而不乱。例如，开始工作前，会制订一个明确的目标和计划；又会根据任务的紧急程度和重要性，确定它们的优先级。然后，优先处理那些重要且紧急的事情，确保它们得到及时而又妥善的处理。再如，为每个任务设定一个完成时间表，并尽量遵守。还通过设定截止日期，更好地掌控工作进度，避免拖延或超时。

2. 交叉工作，注重细节。

在工作中，小事情要做细。如果经常在小事上犯错，需要别人不断提醒，时间一长，就会给人留下“不可靠”的印象。例如，领导让你打印一份文件，你匆匆打印完毕便交上去，也不检查。如果经常出错，必然会给领导留下不靠谱的印象。

为了避免此类问题，可以采用“交叉工作法”并在细节上下足功夫。例如，领导让你在上午写一份报告，你可以先用心撰写，完成后仔细检查一遍。接着，切换到其他工作。到了中午，再次对报告进行检查，确保没有疏漏。下午，快速浏览报告，重点检查标题、页码、格式和字体等细节。在下班前，将报告交给领导。

这种交叉工作的方法有助于避免因长时间专注于单一任务而产生的疲劳和注意力分散。通过适当的休息和任务切换，能够保持思维敏捷和提高工作效率。

3. 办事要“见事见人”。

社会在不断地进步发展，那有没有不变的地方呢？肯定是有的，那就是人性。在办事时，不但要清楚办事的逻辑，也要深入了解事情背后的人。这就是所谓的“见事见人”。

比如，你在公司做人事工作，年底考核时，你将名单发给各个部门的成员，征求他们的意见。这时，有的部门领导可能会对考核程序和相关评分项不满，即便你坚持说这是按照规定的流程和标准进行的。其实，问题的根本不在于程序，而在于年度优秀名单中没有他们部门的人员。一旦他们的需求与期待被忽视，就容易对考核产生不满。所以，在办事过程中，只遵循流程和规定是远远不够的，还要深入了解相关人员的需求、关切和利益。

4. 接受工作，问清标准。

有时候，工作是上级领导布置下来的，但是领导可能对具体要求也不是很明确。在这种情况下，不能过多地质疑任务本身，而是要采取积极的态度去应对。记住，在职场中，“存在即合理”，我们需要思考的是如何完成这项工作，为此我们可以与领导进行沟通，了解工作的目标和期望，以及评判工作好坏的标准。通过与领导确认这些细节，可以更好地把握工作的方向和标准。在此基础上，可以提出几种方案供领导选择。

5. 请示工作，必带方案。

会办事的人都清楚：应该给领导提供选择题，而不仅仅是问答题。作为执行者，你虽然没有决策权，但拥有宝贵的建议权。最关键的是，通过提供解决方案，在一定程度上，可以让领导和你共同承担责任。这样做不仅可以减轻自己的负担，还可以展现自己的专业能力和团队合作精神。

因此，不要只简单地回答问题或报告问题，应该通过深入思考和分析，提出几种可行的解决方案，并解读每种方案的优缺点。然后，与领导一起讨论并选择最佳的方案。

6. 汇报工作，突出结果。

领导们最关注的是结果，只有在结果特别出色或特别不尽如人意的情况下，他们才会关心工作过程。对于那些看似简单、容易的任务，应该迅速进行汇报。例如，领导让你给其他部门或上级领导送材料、发合同等。这些任务虽然看似简单，但我们不能因为它们容易就认为没有必要汇报。相反，我们应该意识到，汇报是展示我们负责任和高效工作态度的机会。

通过及时的汇报，确保领导对我们工作的进展有清晰的了解，也可以加强与领导的沟通与交流。特别是一些复杂的事情，汇报要勤。因为复杂的事情涉及的部门、沟通的环节较多。

能够做到以上六点的人，无疑是职场中的办事高手。工作中他们游刃有余，与同事和领导关系融洽。这类人在职场上往往能取得较高的成绩、建立起良好的声誉，晋升之路相对顺畅。

纵向不“升”横向“迁”

一个人的职业发展应该是多元的，并不是只有员工—主管—部门经理—副总经理—总经理这一条“单行线”。该“纵”的时候纵，该“横”的时候横，这样才能纵横职场。这也是古代兵法重要的内容之一。在今天的职场，我们仍然可以借鉴和应用纵横兵法的原则和策略。

在多数人的观念中，不论做什么职业，都应该“往上爬”才对。事实是，大到一个社会，小到一个团队，其内部组织架构都是呈金字塔形的。也就是说，只有少数人员处于金字塔的顶端，而大部分人则处于底部。

如果一个人想实现纵向发展，就得一直走下去，即便前面的路越来越窄，自己的期望值越来越高。在某个时刻，必然会出现“瓶颈”，处于上不上、下不下的尴尬境地。比如，有的人从普通员工一路晋升为副总，副总的顶头上司往往是老板，那么“副总”可能就是他职业的天花板。对大多数人来说，很难晋升到副总这个位置，往往做到组长、班长或是部门主管就已经很了不起了，这时想再进一步就很难了。也正是在这个时候，个人才会更多地考虑纵向发展与横向发展的问题。

认为自己“行”的人，可能会不断学习、锤炼，希望更进一步；认为自己职位已经“到头了”的人，可能会考虑开辟“第二战场”，比如出来创业。一些名企的高管或技术人才，往往就是在这个时候跳出来创业的。

对于普通人来说，当上升的通道被“堵死”，或是自己缺少“更进一步”的资历、资本，而又不想长期待在一个岗位，这时可以考虑“横着走”。毕竟，职场并非只有一条道路可走，除了在专业领域深耕，还可以通过横向发展来拓宽自己的视野、增加人脉资源。

特别是在 35 岁左右时，许多人会面临晋升困难的困扰，不知道未来的职业道路该如何走。他们中的一些人在技术岗位上已经工作多年，想要再往上晋升并非易事；有些人已经做到总监级别，但再往上迈进却感到力不从心；还有些人已经是分公司的总经理，对更高层次的位置并不感兴趣。对于这些人来说，换一家公司或换一个领域可能并不是最佳选择，那意味着要放弃自己熟悉的环境和生活。因此，横向拓展是一个要慎重考虑的选择。

关于横向发展，很多人不太注意。比如，某君在 A 部门表现出色，但觉得纵向晋升没有机会，于是考虑转向 B 部门。这种转换可能是从销售部转向市场部，或是从研发部转向技术部。无论怎样转换，目标只有一个，就是为了提高个人发展空间。实际上，很多公司实行的岗位轮换其实也是横向发展的形式之一。

对于个人而言，最佳的职业发展路径应当是横向之路与纵向之路的结合。这样，在不断提升职位的同时，个人的综合职业素质也会随之得到持续提高。如果在一个公司既无横向发展，也无纵向发展的机会，可以考虑通过跨界合作、参加专业培训、参与社交活动等方式来拓宽自己的视野和增加人脉资源，为自己的职业发展带来更多的机会和可能性。

躬身入局，场下打拼

韩非子有言：“宰相必起于州部，猛将必发于卒伍。”意思是说，未来的领导者要从基层做起，通过实际工作的锻炼逐步成长。例如，唐朝名将李靖从一名普通士兵开始，凭借卓越的军事才能和领导力，一步步成长，最终成为一代名将，并被唐太宗任命为宰相。

在当今职场，晋升之路同样需要从基层开始积累实际工作经验，不断提高综合素质。许多优秀的管理者都是从基层做起，一步步磨炼，最终培养出敏锐的洞察力和果断的决策力，为未来的晋升打下坚实的基础。

通过场下打拼，不断为晋升积累资本时，需把握好以下三个方面。

1. 提高职业素养。

在工作中，我们时常听到这样的评价：“他很职业”“这人太不职业了”。这里所说的“职业”，多半是指职业精神。职业精神是一种隐性的、精神层面的操守，它影响着一个人的职业行为、工作效率和工作品质。

举个例子，一位讲师应邀到某地授课，因为对某些事情心怀不满，当即订了回程的航班，离开了课堂。这就是一种缺乏职业精神的行为，即非职业的行为。正确的做法是，即使内心不满，也要信守之前的承诺，把该讲的课讲完。之后可以选择不再合作，但不能把听课的人“晾”在一边，给主办方留下一个难以收拾的“摊子”。

职业精神是一种重要的职业素养，体现了一个人的职业道德和职业态度。在工作中，我们应该时刻保持职业精神，并尽力做到最好，为自己的晋升积累资本。

2. 提高专业能力。

这里的“专业”，不仅体现为一种技能，更表现为一种做事的态度，即工作要像一个称职的匠人那样用心、严谨。在职场中，专业能力是获得晋升的一个重要条件。平时，可以通过学习和培训，或者参加与工作相关的课程、研讨会，来获取新的行业知识并提高技能。

除此之外，要对自己的工作有高标准、高要求，并主动承担更有挑战性的任务，这是提高专业能力的有效途径。特别是遇到新问题和挑战时，第一反应不能是恐惧或自我怀疑，认为自己不行，而要多想解决方案。

3. 体现敬业态度。

敬业是一个人对自己所从事的工作负责任的态度，是一个人对自己工作的基本尊敬。如今，很多人比较“佛系”，在工作中不争不抢、按部就班、得过且过，只求现世安稳，害怕承担责任。然而，这种“躺平”的心态，虽然能带来短期的舒适，但从长远来看，它限制了个人的成长和职业技能的提升。

表面上看，这是态度问题，实则是认知问题。认知的差距，造就了人与人职业与人生的差距。很多人能力不差，但是“躺平”的心态严重，做事心浮气躁，这在某种程度上拉低了他的职业上限。真正的敬业，是对工作负责，不怕困难，勇于挑战，追求卓越。只有这样，才能在工作中不断提升自己，并获得更好的机会体现个人的价值。

“躬身”是态度，是行动；“入局”是担当，是责任。不论在哪个行业，在什么岗位，都不要停滞不前，更不能满足于现状，要敢于“向前一步”，勇于挑战自我，勇于突破局限。只有不断地打拼和超越，才能更好地实现自我的职业价值，获得更多晋升的机会。

修道而保法，提升“能见度”

俗话说：“酒香不怕巷子深。”这句话是说，酒虽然身处深巷之中，但能巧妙地利用“气味”进行主动出击，征服那些好酒之徒；与之相反，那些密封在坛子里的酒，即使坛内香气扑鼻，如果封口太紧、巷子太深，酒香没有机会飘散出去，自然也没有人会掘地三尺来找寻。

这个道理也适用于职场：无论你的能力多么出众，如果你不主动展现出来，没有人会知道你的才华，你也就失去了展现的机会。从你的角度来说，你需要采取措施来提高自己的可见度，让自己有机会“发光发热”。

那么，如何有效地提高自己的职场“能见度”呢？答案是，修道和保法。

众所周知，大凡用兵，都讲究想方设法取胜，而很少有求败之说。然而，胜败乃兵家常事，即使历史上那些有名的将领，也不是百战百胜、全无败绩的。事实上，真正的军事天才，是那些能够保持常胜的人。在《孙子兵法》中，孙子提出了用兵取胜的两个关键前提：修道和保法。即“善用兵者，修道而保法，故能为胜败之政”。

“修道”并不仅限于修炼个人品德，更是一种对内在智慧和领导力的提升。这包括对战争本质的深刻理解、对人心和战略的洞察，以及对士兵和民众的关爱和引领。一个真正善于用兵的指挥官，不仅要有高尚的道德品质，更要有强大的领导力和智慧，能够引领团队走向胜利。

“保法”强调的是对法令和规则的坚守，以及对战争伦理的尊重。一个善于用兵的指挥官，深知战争的残酷和不确定性，因此十分注重对法令和规则的遵守和应用。

在战场上，“修道而保法”是确保用兵取胜的两大前提。而在职场中，“修道”与“保法”则是提升“能见度”的两大利器。原因有三。

1. 品德与职位匹配，才能行稳致远。

德要配位，是说一个人的道德水平要与其所担任的职位或拥有的权力相匹配。在职场中，一个人的职位往往伴随着一定的权利和责任。如果一个人的道德水平无法与其所承担的职责相匹配，可能会导致一系列不良的后果。例如，一个品德不过关的领导者可能会滥用职权，损害组织的利益和声誉。

相反，一个具备良好品德和道德水平的人往往能够更好地履行自己的职责，赢得他人的尊重和信任。所以，具备良好品德和道德水平的人，能够更好地胜任自己的职位。也就是说，具备良好品德和道德水平的人拥有更好的晋升资本。

2. 领导不会冒险提拔有污点的人。

保持自己的清白之身，对于晋级来说至关重要。这一点对于领导来说，也是非常注重的。通常情况下，没有哪个领导会冒着风险提拔一个有污点的人，因为那样可能会给自己带来麻烦。

在这种情况下，品德过关的人就占据了一定的优势。所以，要确保自己在职业生涯中没有污点。为此，在职场上要时刻保持警觉，不要为了一时的利益而做出有损人格的事。否则，一旦品行有污，当晋升机会来临时，就有可能因此而遭受失败。

3. 没人喜欢与坏规矩的人往来。

要“保法”，就得做一个懂规矩的人，按规律、规矩来办事，不可胡来。在职场中，规矩和规律是不可或缺的，它们是保证工作顺利进行的基础。

有些人虽然能力过人，但做事不守规矩，所以很难在职场上获得认可和成功。比如，领导夸 A“你能力强，可以多指导一下大家的工作”，但没有给 A 一个明确的领导职位。这时，A 却把领导的话当“令箭”，总是冲在指挥的“前线”指手画脚，这就坏了职场的规矩，结果弄得大家都很尴尬。相反，有些人或许资质平庸，但懂得与人相处、办事的规矩，能够与人融洽合作，这样的人反倒容易获得升职加薪的机会。

综上所述，提升在职场的“能见度”，不是通过穿什么、打扮成什么样来吸引别人的注意力，而是通过“修道”“保法”不断提升在他人心中的形象和地位，让领导在晋升的关键时刻放心“扶你上马”。

三项修炼：会思考、会沟通、会辅助

是不是只要本职工作做好，自然就能得到升职加薪的机会？当然不是！做好本职只是起点。职场晋升不是一场短跑，而是一场马拉松。要想让自己走得更远，坐的位置更高，需要不断学习、不断进步。

从整体上来说，想要晋升到领导岗位，需加强三项基本修炼。

1. 会思考。

这里的“会思考”，指的是要具备大局观思维，即做事要站在一定的高度，对事情要有完整的规划。先制订计划，再按照计划执行；先进行分类，后针对性解决；先考虑整体，后处理细节，这些都是大局观思维的体现。

在工作中，一旦你拥有了这种思维，即使你不是部门中职位最高的人，大家也会跟随你的思维轨道转，听从你的安排。

比如，领导经常会提这样的问题：“你对这个问题有什么看法？”他想知道的往往并非问题的细节，而是每个人的思考方式和大局观。这时，你要站在更高一级的职位去思考问题，也就是“站在上级的角度思考”。如果你是基层员工，一方面，需要从整个项目的高度看待当前的具体工作，了解其对整个项目主要目标的作用；另一方面，不必拔高到“企业业务模式”的高度去思考问题。如果你是中层员工，那么就不能仅仅满足于考虑项目的进度和目标，而应该从“企业业务模式”的高度去安排资源和进度。这就是“会思考”。

2. 会沟通。

沟通是开展工作的重要前提。在职场中，善于沟通是极其重要的，是决定晋升的重要因素。同样是向领导汇报工作，两个人使用了不同的表达方式。一个人的汇报简明扼要，直奔主题；而另一个人则语无伦次，半天说不到重点。两人的讲话效果立判高下。

在工作中，我们常常会发现，有些人因为出色的沟通能力而获得升职加薪的机会，而另一些人则因为不善沟通而错失良机。那么，善于沟通的人究竟有什么特点呢？

一是语言合乎逻辑。善于沟通的人在表达观点时，能够有条不紊地组织自己的语言，使其具有清晰的逻辑结构。他们能够以简洁明了的方式阐述问题，使听者更容易理解和接受。

二是有数据和案例支撑。为了使自己的观点更具说服力，善于沟通的人会运用具体的数据和实际案例来支撑自己的观点。这样不仅可以增加观点的可信度，还可以让听众更好地理解问题的实际情况。

三是形成计划。除了表达观点和提供证据，善于沟通的人还会在讲话中提出具体的计划和解决方案。他们能够将讨论的内容转化为实际可行的行动步骤，使听者明确知道下一步该如何行动。

上述三个特点使得善于沟通的人在表达观点时更具有说服力和可信度。他们能够以清晰、有条理的方式传达信息，同时提供具体的数据和案例支持，最后还能提出可行的计划。因此，当他们开口时，往往能够赢得别人的认可和信任。

3. 会辅助。

这里的“会辅助”，指的是能够很好地配合领导工作。它体现出来的是一种辅助能力。那什么是辅助能力呢？在职场中，辅助能力体现为一个人为人处世的软实力，表现为会办事、会说话、会做人，能与同事互动配合。这样的人，不但让领导放心、省心，还能做到上传下达、左右逢源。什么时候，你能做到这般地步，就说明你已经具备了一定的辅助能力。

在辅助领导工作时，要特别注意自己的言行举止。你的观点、做法只能代表你自己，不要随便代表领导、团队接话，也不要代表领导给其他人分配工作、做思想工作，更不要错误地把自己当成领导。

辅助同事工作时，要注意方式方法。如果某个同事需要帮忙，不要冲过去说："我来帮你。"可以这么说："我手头的活刚好做完，看我能帮你做点什么？"或者说："你的工作有些复杂，我这里有些相关资料，你要不要参考一下？"你抛出善意，而对方响应积极，那就根据实际情况推进就是了。

由此可见，职场晋升并不仅取决于在本职工作中的表现，而且涉及思维、沟通、辅助、协调等能力。只有不断提高相应的能力和素质，才能在职场中获得更好的机会和发展空间。